숨바꼭질하고 있나요

활시동인 5집

숨바꼭질하고 있나요

차례

김기덕

12 ··· 싱잉볼
13 ··· 실버타운
14 ··· 틀의 유전
16 ··· 마지막 경기
18 ··· 부도체의 사랑

김선진

20 ··· 관계
22 ··· 덕유산의 달은 참 더디 떴다
23 ··· 봄의 소리 왈츠
24 ··· 나무는 당당하다
25 ··· 백년도 채 못 사는

김정현

26 ··· 기계돼지
27 ··· 분홍의 탄식
28 ··· 너를 찾다
29 ··· Back to the Picture
30 ··· 베짱이가 되고 싶은 개미

김해빈

31 ⋯ 전립선
32 ⋯ 제비, 물찬제비
34 ⋯ 깡통을 차다
36 ⋯ 지하의 강
38 ⋯ 시뮬레이션

안재찬

39 ⋯ 길 위의 길, 등신불
40 ⋯ 담장을 넘는 방망이
42 ⋯ 오뚝이 얼과 수직 각도
44 ⋯ 휘어진 에스컬레이터
46 ⋯ 붕대 감은 119

여영미

47 ⋯ 하루를 보내는 일
49 ⋯ 숨바꼭질하고 있나요
51 ⋯ 사람이 없네

이 솔

53 ··· 스며들다
54 ··· 기도로 매달려 있는
55 ··· 첼리스트를 위한 기도
56 ··· 박쥐 날다
57 ··· 소시민 에이(A)씨

이오장

58 ··· 개미 다리 여섯 개
59 ··· 옥잠화 바닷가에 핀 까닭은
60 ··· 참새걸음
62 ··· 참나무 이름으로
63 ··· 바람독

이혜경

64 ··· 도마 위의 경계선
66 ··· 낙엽 도서관
67 ··· 딱 하나뿐
68 ··· 꽃밭에서
69 ··· 화산처럼

임경순

70 … 물발자국
72 … 마침표
73 … 조난신호
74 … 의자
76 … 감정기억

정진해

77 … 3월 농장
78 … 밭둑
79 … 여름 꽃 하나
80 … 보길도
81 … 물방울

조명제

82 … 없는 팔
83 … 히로시마의 까마귀
86 … 새, 앉았다 떠난 자리
88 … 가을 해당화
89 … 시가 없는 이상한 나라

김나비

90 ⋯ 혈거인
92 ⋯ 설인
94 ⋯ 투명인
96 ⋯ 임차인
98 ⋯ 가상인 –딥페이크

유정남

 99 ⋯ 꿈
100 ⋯ 사과
102 ⋯ 눈꽃 2월
104 ⋯ 겨울 택시 일지
105 ⋯ 이순신스타우트 마시는 밤

김정범

106 ⋯ 안개
107 ⋯ 123-127-[ ]-[ ]-
108 ⋯ 붉은 작약
109 ⋯ 시간 나무
110 ⋯ 적극가담:25.04.04.11.22.

최경은

111 ⋯ 샌드 드로잉
113 ⋯ 큐브인간
115 ⋯ 플라스틱 감정
117 ⋯ 마우스
119 ⋯ 모든 웃음에는 끈이 달려있다

박용운

121 … 만남
122 … 렘수면
124 … 빗방울 유적
126 … 밀애
128 … 현자顯者

이영란

130 … 얼굴
131 … 퇴고
132 … 재난 문자
134 … 불면증
136 … 충전

강기영

137 … 봄을 물었는데 어느새 가을이라고 대답하네요
138 … 꽃 피는 허리
140 … 겨울에서 힘을 빼면
142 … 돌고래 자세
144 … 보관의 날짜들

안정숙

146 … 수평의 힘
148 … 출품되는 밤
150 … 회귀
152 … 실종된 계절
154 … 찻잔에 담는 봄

활시동인

김기덕_ 싱잉볼 외 4편

김선진_ 관계 외 4편

김정현_ 기계 돼지 외 4편

김해빈_ 전립선 외 4편

안재찬_ 길 위의 길, 등신불 외 4편

여영미_ 하루를 보내는 일 외 2편

이　솔_ 스며들다 외 4편

이오장_ 개미 다리 여섯 개 외 4편

이혜경_ 도마 위의 경계선 외 4편

임경순_ 물발자국 외 4편

정진해_ 3월 농장 외 4편

조명제_ 없는 팔 외 4편

김기덕

싱잉볼 외 4편

종소리에 홀렸다
흔들리는 혼들의 파장에 문이 열리며
동그라미 속으로 별빛이 들어왔다
귓가로 스며드는 물의 속삭임
흩어지는 은하수의 손길이 풀어헤친 머리칼을 헹군다
간절히 부르다 자지러진 목청 하나 경계를 허물고
시간과 거리를 잃고 쓰러진
소실점에서 온 우주가 하나 된 순간
구멍 뚫린 둥지에선 햇빛이 쏟아졌다
누가 끝 모를 우주를 두드리나요
천상의 손짓인 듯
촛불이 사른 부름 소리 녹아들며 흔들리는 나비의 파동
방울 속 간절한 원을 살라
혼신을 다한 빈 메아리가 심장을 녹인다
이미 우린 몸을 잃고
저 처절한 몸부림으로 살아왔다
아득히 이승과 저승을 넘나들며 까무러치던
새들의 목소리마저 굳어진 놋쇠로
망치를 맞으며 둥글게 둥글게 허공의 꽃을 피워
흔적도 없이 밤을 덮는다

실버타운

얽히고설킨 길들이 뒤엉켜 사는 도시의 바람은 딱딱했어
무표정의 눈동자들은
제 안의 그림자만을 주시하고 있었지

햇살도 후, 한숨으로 날아가고
없는 것이 없어서 가난한 새들 모여
서로의 하얀 심장을 쪼아 먹었지

죽는 날까지 사랑할 수 있어서 인간은 그 얼마나 추한가

사르코의 문을 열면 보이는 길, 통로는 어둠에 휩싸여 있었지 오늘은 누가 선택될 것인가 축하의 노래가 울리고 자유가 선포된다 또 하나의 세상이 열리고 미완성의 악보가 빠져나간다

눈송이들은 또 불꽃 속에서 몸을 녹일 테지
노을이 어둠을 풀어놓을 때
밤보다 먼저 여명이 찾아오는 것을 보았지

죽기 위해 사는, 살기 위해 죽는 도돌이표들

표정 없는 가면들이 웃었어

틀의 유전

아버지는 나를 위해 틀을 만드셨다

남들 보기에 좋아 보이는 틀은 숨통을 조였다
다리를 접고 팔을 오므려야 겨우 들어갈 수 있는 틀이
기형을 만들어갔다

물처럼 살아야지
벽돌공장의 진흙처럼 너도 반듯하게 자라야지

하지만 아버지, 제겐 저만의 모양이 있어요
둥글지도 각지지도 않은 상상할 수 없는 도형이 있어요

아들아, 그걸 꿈이라고 생각하며 복잡한 도형을 만들지만
결국은 거대한 프랙털에 갇히는 거란다
단순한 원을 그리고 세모, 네모를 그리자, 남들처럼

아버지는 날마다 틀을 만들었고
나는 날마다 틀을 부쉈다
틀 안에서 자란 형제들은 사각형이 되고, 삼각형이 되어
인기 있게 팔렸지만
나는 아버지의 열매가 되는 것을 거부했다

가출하고, 바람이 되어 들판을 헤매다가

길가에 변종의 씨앗을 뿌렸다
상상의 가지를 뻗고, 무수한 꿈의 이파리를 흔들며
영원을 향한 프랙털을 그렸다

지상으로 도형 하나 그려갈 때마다 내면으로 깊어져 가던 뿌리들
나는 구름을 걸치고 호수를 들여다보며
사색에 잠겨 빗변을 걸었다
내가 완전한 바람인 줄로 알았다

하지만 나는 바람에 흔들리는 이파리였다
겨울이 되면 옷을 벗어야 하는 나목이었다

또 다른 틀에 갇혀
아들아, 아들아, 둥글게 자라거라 꽃을 피우면서
꽃 아닌 틀을 만들었다

아버지보다 더 견고한 틀
이런 지독한 아버지 같으니, 나는 내 안의 틀을 부쉈다

네모, 세모의 아이들이 기어 나왔다

마지막 경기

 석양에 머문 아버지의 카페를
 6회 말 퇴직의 갈림길에서 패전처리투수로 떠맡은 긴급등판
 현상 유지는 그나마 패자의 소원이었다
 빗나간 신경전은 안타가 되지 않았다
 어디로 튈지 모르는 아버지의 투구는 직구보다 커브가 많았다
 시작이 없이도 끝날 수 있는 결말에서
 완급조절의 희비를 던지며 헛스윙을 유도하는 호투에도
 불운의 꿈들은 여지없이 맞아나갔다
 아무리 뛰어도 잡히지 않는 공들이 굴러다닌다
 낡은 보드엔 숫자들이 기울어져 있었다
 옳지 않은 건 다 볼이야
 하지만 운 좋은 사람은 볼을 쳐도 홈런이 되었다
 나는 하루 종일 빈 볼만 던졌다
 관객들마저 뿔뿔이 적자를 남기고 떠났다
 그렇게 패배가 습관이 되었다
 인생의 9회말 투아웃, 긴장이 몰려오는 마지막 승부가 찾아온다면
 마구를 던질 텐데
 아무도 오지 않는 빈타의 하루
 고독한 마운드엔 고개 숙인 아버지의 뒷모습이 서 있었다
 빈손의 허무한 강판

그라운드에 떨어진 종이컵들은 이리저리 바닥을 굴러다
니고 횡하니 노을이 빠져나간 침묵의 공간 속으로
 어둠이 굴러온다 또다시 찾아온 몰수게임
 다시 기억하고 싶지 않은 시즌이 서녘 하늘에서 폭죽
같은
 화장터의 불꽃을 피웠다

부도체의 사랑

털끝 스침에도 정전기가 생기고 스파크가 일던 몸은
언제부터 플라스틱이 되었을까

부도체의 고무손은 몇만 볼트의 전기에도 꿈쩍하지 않았다
유리 눈알에 비친 영상들은 무관심 속을 투과하여 아무 감정도 남기지 않는 쇼윈도, 다이아몬드 아가씨들이 차갑게 반짝인다

언제부터 내 몸에도 전기가 흐르지 않은 걸까
윙크의 스파크, 고압의 입맞춤이 통하지 않는 몸은 차단기가 내려져 있었다

한때 머릿속에 반짝이는 전구들이 켜지고, 필라멘트마다 텔레파시가 넘치며 스파크를 일으켰지 길거리에 전봇대를 세우고 그리움의 줄을 늘이던 시절엔 집집마다 환한 전기가 들어왔어 플러스와 마이너스의 잘못된 결합으로 쇼크나 폭발이 일기도 했지만, 스위치가 켜진 집안엔 늘 환한 웃음이 넘쳐흘렀지

퓨즈가 나간 거리의 불 꺼진 창들
결선의 단락을 점검하며, 접속부에 풀린 나사를 조인다
터미널마다 선을 이으며, 서로에게 향하는 꿈의 가닥들을 연결하기 위해

신경망을 펼치고 벼락같은 전기를 기다린다
　단 한 번 스침에 죽어도 좋을 감전을 위해 나는 누구를 기다리는가

　관절마다 불이 들어오고 새로운 모터들이 돌기 시작하면 내 방에도 뜨거운 피가 흐를 거야

　부도체의 유방은 아직 차갑게 식어 있다

김기덕 약력
월간 《시문학》으로 등단
시집 : 『사랑한다는 메시지가 낡아 보인다』 『빅뱅과 에덴』 외
평론 및 시론 : 『뇌과학비평』 『주역에서 시를 보다』 『이미지의 공식』 외

김선진

관계 외 4편

보이지 않아
잡을 수조차 없는 끈

무슨 실로 꼬였길래
한번 맨 매듭은
풀기도 감기도 어려운가

어느 고비든
첫 악장의 설레임은
언제나
사람이 가르쳐 주었다

한때는
구름 등을 타고
무지개를 좇던 거리
어느 땐
우레와 폭풍우가 눈시울을 덮는다
그때마다
비 젖은 처마를 끌어내려
한 뼘 작아진 몸을 숨기기도 했다

좋거나 궂었거나
풀리지 않은 매듭

끝까지 뗄 수 없는

참, 세상사 알 수 없음이여

덕유산의 달은 참 더디 떴다

바람이 주는 말도 잠시 멈추고
나무가 듣는 말도 잠시 귀 멀어
산마루 끌어내려
단 하루만이라도
단 한 시간만이라도
아니 아니 단 십 분만이라도
나무를 말하게 하면 안 될까

이산 저산
칡넝굴처럼 엉킨 나무들의 비명소리
부질없는 욕망 솎아내듯이
피지 못하는 나무들 뻗을 수 있게
그 큰 그늘을 거둬내는
나무들의 소원을 들을 순 없을까

유월의 숲으로 치유하듯 내리는 밤하늘
가뭄으로 갈라진 가슴에
별비가 하르르 쏟아진다

숲이여 나무여
말 못하는 너희들의 서러움이 너무 깊어
오늘 밤
덕유산의 달은 참 더디 떴다

봄의 소리 왈츠

부엌 유리문이
딱따그르르 떨려 와
무심코 내다보니
어느새 3/4박자 봄의 소리 왈츠가
창틀을 흔드는구나
겨울 끝자락이 아무리 두터워도
창호지를 뚫고 스멀스멀 내려앉는
저 햇살을 어떻게 가릴까

봄빛은 오목렌즈 되어
꼭 다문 목련의 입술도 봉긋하니 열게 하고
철커덕 닫아 둔 빗장에도
살그머니 엉덩이를 붙인다
나 좀 안아 줘

나무는 당당하다

바람의 길을 몰라
늘 허둥대던 무성했던 나뭇잎
이제 갈 길을 찾았는가
우수수 떨어진다
벗은 나무는 홀로 있어도
언제나 당당하다
한 뼘 모자라는
사랑에도 애끓지 아니하고
두 뼘 모자라는
그리움에도 눈 짓무르지 않는다
짝사랑에 목이 메이는
수많은 밤도 아예 모르고
이제나 저제나
하얀 송이눈 내리는 밤을 기다리는
나무는
벌거벗은 몸뚱이라도
언제나 당당하다

백년도 채 못 사는

태양이 숨지 않을 때
햇살은 여기저기 기웃대며
그네를 타고 놉니다

어둠이 숨어 있는 별들을 깨울 때
꿈은 제 자리를 찾습니다

나무가 외로울 때마다
내리는 빗줄기는 풍요롭습니다

바람이 보채며 울고 있을 때
달빛도 송두리 째 흔들립니다

그러나
태양과 별과
나무와 바람이 억만년 있다 해도

백년도 채 못 사는 사람을
오늘도
못 견디게 그리워합니다

김선진 약력
월간 《시문학》으로 등단
시집: 『촛농의 두께만큼』 『숲이 만난 세상』 『몽환의 다리에서』 외
산문집: 『소리치는 나무』
수상: 한국현대시인상, 이화문학상, 윤동주문학상, 산림문학상

김정현

기계돼지 외 4편

지난 시간, 흔적 없이 지우리라
수많은 말뭉치를 수북이 쌓아두고
언제 먹었는지도 모를 파쇄기에 종이를 넣는다

어느 장엔 눈물 젖은, 가슴 조이는
또 어느 장엔 조팝꽃 하얗게 웃던
깨알같이 적힌 신상명세
자칫 화려한 프로필
아직 누군가에게 보여주기 부끄러운 초고
욕심이 부풀어 흑장미처럼 검붉은 글
라일락 향기 품은 글은 없을까

편식하지 않는 파쇄돼지
텅 빈 위장이 조금씩 차오르다
어느새 목구멍까지 가득 찼다
무엇을 주어도 사양하지 않는 돼지
돼지도 배가 부를 수 있을까
숨이 멎듯 멈춰 섰다
위를 비워야 또 먹겠다는 신호
속을 비워주자 다시 먹기 시작한다
식성 좋은 돼지
너는 정말 돼지다

분홍의 탄식

봄 타나 봐
기운이 나불나불 날아가버려
힘 빠진 한탄강 와이자 다리 위
네가 잘못이라 손 들고 있으란 말들은 적 없다
손 머리에 가지런히 올린 여인 넷
노엽지 않아 네가 불어봐야 봄바람이지
그깟 바람 무시하고
찰랑찰랑 강 건너오는 건 여름일까
광녀의 머리카락처럼 흩날려
하늘로 날아갈까 조심스레 붙잡고
노랗게 피어난 생강나무 끝에
실바람 하나 걸터앉아 파르르
염려 섞인 한숨을 푸우 쉬는 그녀
이글이글 끓던 용암이 남긴 구멍 뚫린 현무암
마음에도 그런 구멍이 있다
환갑진갑 태운 세월만큼
새까맣게 그을린 속
괜찮아, 괜찮아 다독이며 돌아선다
텅 빈 마음 다시 채우려
댕강댕강 울리는 마음
그러지 마라, 그러지 마라
채근하듯 부는 봄바람
분홍으로 피어나겠지

너를 찾다

주머니에는 아무것도 없다
빈 주머니 채우려 허공을 움켜쥔다
가득 쥔 손엔 공허만 한 줌이다
심심이 늘어지는 시간에 너를 찾는다
감사가 고개 들 때
부정이 슬그머니 끼어든다
불만이 궁시렁거리며
감사가 그린 그림에 분탕질이다
어두컴컴한 캠퍼스에
다시 피어나는 기운은
감사가 이겼음을 감지해서다
입춘이 지났건만 겨울은 심술보를 터뜨려
추위를 다시 꾹꾹 싸매고 봄의 기운은
한 겹 한 겹 싸맨 것을 풀어헤친다
바람 속에 짙게 묻어난
따스한 말은 춤추는 아지랑이
길 건너에서 아롱거리는 봄

네가 없어도 살 수 있다던 긍정
네가 없으면 살 수 없다던 부정

그 사이에 너와 나는 꽁꽁 얼어붙었다

Back to the Picture

모니터가 혼란스럽다
영혼 없는 표정으로 세상을 뚫으려는
환갑 지난 얼굴
시계 바늘은 늘쩡거리다가 순식간에 돌고
엉덩이는 소파에 붙어 떨어지지 않는다
손주들 한바탕 마당놀이 끝난
설 지난 저녁은 쓰나미가 쓸고 간 자리

썰렁한 봉당에
소리 없는 한숨이 얼어붙는다
말랑한 가래떡 한 줄 떼어
조청에 찍어 먹던 버릇은 멈추지 못하고
쪼그린 다리는 부들거리고
뒷간 처마에 매달린 고드름 떨어질까
옛이야기에 가슴 조인다
쉬지 않고 쨱쨱거리던
내 입은 이제 파업 중이다

뉴스파이터에선 김해항공기 화재 소식
미운 우리 새끼에선
수많은 연예계 이슈로 떠들지만
내 동공은 허공에 묶여 있다

베짱이가 되고 싶은 개미

반짝반짝 색소폰을 닦고
Endless Love를 연주할까
오늘은 사랑타령하는 베짱이가 될거야
집 현관문을 밀치며 나섰지
놀며 쉬며 불며
일
그건 내일로
내일은 또 내일로
알토 색소폰 웅장하게 불다가
배꼽시계 꼬르륵 울리면 집으로 돌아와
맛있는 된장찌개에 저녁을 먹어야지
나는 오늘도 베짱이가 되고 싶은 꿈을
가슴에 끌어안은 채 일터로 간다

고객님
오늘은 오지 마세요
제발 오지 마세요
달달한 꿈 오늘만은 이루게 해 주세요
소망 꾹꾹 담아 외쳤는데
어느새 오른손엔 몽키자루
왼손엔 전동 렌치로 시간을 조이고 있다

김정현 약력
계간 《지구문학》으로 등단.
시집 : 『둥근 달 허리를 묶고』 외. 그림동화 : 『키가 쑥쑥 마음도 쑥쑥』
산문집 : 『수수한 흔적』 수상 : 서전문학상, 방촌문학상, 서초문학상.

김해빈

전립선 외 4편

공원을 네 바퀴째 돈 남자는
시작점에서 움켜쥐었던 거푸집 같은 손을 펴고
비안개 들어 올리며 푸시업으로 마무리한다

기득권 잡지 못한 날은
굵은 빗줄기를 기억할 필요 없다며
고개 숙인 채 대각선 횡단보도를 건너는 동안
진땀으로 눅눅해진 등줄기가 마르기 시작했다

드럼 채 휘두르고 볼링공을 굴려서
세상을 두드리고 넘어뜨려도
울분이 사그라지지 않는 마찰의 기호만 흩어지고
목청 높여 불러대던 노랫소리마저 끊어진 부재의 시간
끝내 휘파람을 불지 못한다

동파 견디며 한 방울씩 떨어지는 수도꼭지처럼
습도 지우지 못한 퇴역 장군의 위밍업이 길어질 뿐
끈적끈적한 두께로 쟁여지는 하루를 말아 쥐고
느슨해진 일과 속으로 빠져들어 갔던 남자의 긴 통로가
자꾸 좁아지고 있다

슬그머니 비안개 그치고
살랑대는 바람빛에 직박구리들이 한바탕 시끄럽다

제비, 물찬제비

커피향 짙은 카페에 몰려드는 승용차로 왁자지껄하다
주차 공간 앞에 날렵하게 얼굴 들이미는 스포츠카를
주차금지 푯말이 가로막는다

'위에 제비집이 있어 제비 똥이 떨어집니다'
'새끼들이 떠날 때까지 양해 바랍니다'
이게 뭐야, IC~
톨게이트를 가뿐히 빠져나온 강남제비들
감히 내 자존심을 건드려
엉거주춤한 자세로 투덜대는 공회전이 날카롭다

이젠 난민처럼 사는 법을 배워야 하는
다섯 마리 제비새끼는
마법을 걸어 두고 떠난 어미가
시간의 열쇠를 물고 찾아올 때까지 입 악물었다

바람을 누비며 에어컨 빵빵하게 틀고
이렇게 청춘들은 날마다 등급 높은 스테이크를 즐기며
산과 바다를 질편히 옮겨 다녔지
해 바라보기를 포기하고
전국 네트워크 방향을 체크하며
오뉴월 더위에도 몰려다니는 눈 밝은 물찬제비들

쏜살같은 자유의 시절은 이제 그만
전 세계에서 몰려온 난파선처럼
날개 치켜세워 디밀고
산업의 바퀴에 깔려 있는 청춘들이여
제발 위를 바라봐
제비새끼들은 어미의 사랑법 저렇게 잘 따르고 있잖니

깡통을 차다

눅진해진 길을 걷다가 찐득하고 쾌쾌한
알 수 없는 울분을 꺼내 발끝에 올리고
빈 깡통 냅다 찬다
누구는 깡통이 아플 거라고 했고
누구는 깡통을 찬 발이 아플 거라고 했다
허와 실의 논쟁은 홀가분하지 않았는지
날카로운 단음이 방호벽에 부딪치고 말았다
깡통은 이유 없이 소리·소문을 따라
벽 앞에 나뒹굴어 수포처럼 사그라진다
열렸지만 나갈 수 없는 문
그 황량함을 쓸어 모아
압축해서 발밑에 지그시 밀어 넣자
질풍처럼 날아간 시대의 낡은 페시미즘은
찌그러진 깡통에 갇히고 만다
외면한 한파주의보에 손끝을 비비며 들어선 그들
흥분을 꺼내 짬뽕에 깐풍기를 주문한다
얼큰한 국물이 당긴다는 몇몇은
오늘의 뉴스에 귀 쫑긋 세웠고
불확실 속에 난무하던 논쟁의 주인공들은
잠시 스쳐 가는 소문에 관심을 모았다
공격적인 소문을 꼬집어대다
짬뽕 국물은 대부분 남겼고
깐풍기를 깡그리 비워낸 빈 접시만

본능에 배부른 의식을 되돌렸다
날개 퍼덕이며 찌그러진 깡통을 다시 힘껏 찬다
포식자들 발을 떠나
방어벽에 부딪혀 떨어지는 울분
논쟁을 뛰어넘으려는 소리 요란하다

지하의 강

도시의 지하철은 늘 급류의 흐름이다
매일같이 시간다툼에 익숙한 사람들
일상으로 흘러들어 물살을 이루고
환승역에서 내린 그들은
파리한 지느러미가 군데군데 빠져나갔다

삶이 공존하는 숲은 날마다 깎여나가
강물에 물고기는 줄어들고
떠내려 온 플라스틱물고기만 쌓여갈 뿐
강 하류엔 흐름이 멈춘 지 오래다
신께 받은 웃음만 마을에서 떠나지 않았는지
쓰레기더미에서 이기주의 배설물을 주운
아이들의 해맑은 웃음이 강기슭에 퍼진다
햇살 닮은 어머니 미소가
그들의 온전한 절망을 삼켰으리라

가장은 낡은 집에 부활을 꿈꾸며
오래전 마야를 지키는 수호신
밀림의 장엄한 피라미드 앞에 무릎 꿇었는지
그들의 밀림 속 우기는 잦아들고
제 살 깎여버린 혼돈의 숲도 얼룩을 지우며
잠시 빛살을 닮은 푸른 생명들이 꿈틀거렸다

빠진 지느러미 가다듬고 역류를 시작하며
급류 따라 긴 어둠 속으로 떠밀려오다가
지하철역 에스컬레이터에 선 그들은
긴 하루의 젖은 물기 털며 층계를 접고
해 기운 지상에 발 디디며
내렸던 입꼬리 슬며시 추켜올린다

시뮬레이션

사계절을 한꺼번에 만날 수 있다면
가는 시간이 멈출까

새잎 돋아나 꽃피고 열매 맺었다가 잎 떨어지고
눈 하얗게 쌓이는 계절 외따로이 오기 전
서해 갯벌에서 물맞이하는 아낙의 굽은 등에 올라앉은 갯
내가 발돋움마다 검불로 달라붙어 질척인다

비우지 못하고 늙어간다는 건
사계를 몇 번 겪었느냐의 흔적 지우지 못한 탓
물때 찾은 밀물은 주름에 주름을 엮어 겹주름 만들며
피뢰침같이 가파른 등고선을 흘려보낸다

어제를 보내고 맞은 오늘은 다시 어제로 충분해서
앙상한 뼈대만 남긴 나뭇잎 그래픽이 되고
내 기억 속에 박제된 장면처럼
밀물은 종종걸음으로 노인을 물 밖으로 밀어낸다

육지를 파고드는 갯고랑 앞에서 누가 연출하는 시뮬레이
션인지 그 길에 내가 떠밀려 나가고 있다

제부도 바다, 노인의 노둣길이 환하다

김해빈 약력
월간 《시문학》으로 등단
시집 : 『저녁을 하역하다』 『욱신거리는 계절』 『1인치 나사를 조이고』 외
수상 : 한국현대시작품상, 푸른시학상, 박종화문학상

안재찬

길 위의 길, 등신불 외 4편

한남동 아스팔트 바닥에서
새벽 눈발을 동공에 모으고
은박담요로 온몸을 휘감은 채
밤을 지샌 이름 모를 시민들
가슴마다 민주호 닻을 올리고
격랑을 헤치며 새로운 세계로
어기영차 노 저어 간다

생채기 난 선진조국
산산이 부서진 헌정질서 목놓는
꺼질 줄 모르는 무지개 불빛 조각하고
어두움을 사르는 길 위의 길 눈사람
等身佛 보아라

겨울 다음은 봄, 대지는 연둣빛 아우성

담장을 넘는 방망이

　소리 없는 천둥과 빛깔 없는 번개가 지나간다 이슥한 겨울 밤 여의도 정원에 역사의 이름으로 푸른 제복의 사나이들 때 지어 무인의 시대 깃발을 들고 지울 수 없는 발자국을 남겨 놓았다

　어둠을 뚫고 헬기에서 내린 무장군인들 멀뚱한 눈으로 민의의 전당 잔디밭에서 까닭 모를 작전명령을 기다린다

　뜬금없는 계엄선포. 2024년 12월3일 밤 10시23분!

　용산방송국 목소리가 온누리 시침을 멈추게 한다 파주에서 제주까지 공포의 물결이 밀려온다 검은 계엄선포의 입에서 뛰쳐나오는 소름 끼치는 언어에 잠자리는 달아나고 탄식의 소리 하늘로 올라간다

　짐은 국가라는 위엄한 낯빛에서 솟아나는 원한과 분노의 날 선 언어는 가슴을 철렁이게 한다 임계치를 넘은 쩌렁쩌렁 몸짓으로 -무시무시한- 포고령을 내린다

　45년 전 12·12군사반란과 그다음 광주 5·18 항쟁의 총성과 아우성이 귓가를 맴돈다

　어두운 귀 / 어두운 눈 / 어두운 입

울어예도 웃어예도 숨 막히는 시간, 담장을 넘는 의사당 방망이 소리(12월4일 1시1분!)로 남가일몽 단막극은 막을 내린다 반국가세력 몰아내는 용맹정진의 밤에 경기를 일으킨 수많은 일인칭들이 응원봉을 높이 들고 광장을 매운다 폭력에 울부짖는 사자후의 밤은 깊어 가도 비칠거리는 몸 어깨 걷고 조그만 불빛 불빛이 모여 불기둥이 되고, 어둠을 태운 함성이 새벽을 깨운다

　질곡과 수렁에서 탈출한 이 나라 이 겨레
　계엄이 스러진 자리에 무궁화가 활짝 피어나고
　'다시 만난 세상' 물결치는 화음이 지구촌 낮과 밤 가림 없이 메아리친다

오뚝이 얼과 수직 각도

눈과 마음을 하나로 묶어
살얼음판 걷는 이국살이에 이골 난 중년 한쌍
된바람 몰아치는 을씨년스런 계절 방문할 적마다
거북모가지로 가슴 졸이는
차마 말 못 할 일에 숨어 우는 밤 쌓여 가는데

그러나 어디선가
'두려워 말라 내가 너와 함께'

수직 각도!
하염없이 흐르는 눈물기도로 어두움을 불사르면
어느새 다시 겨울몸은 봄얼굴로
동행하는 오뚝이 얼로 지난날 통증은 가라앉는다

희로애락을 먹고사는 불면의 시간
오늘 같은 날엔 가슴속에 파동이 일어나고
모국의 정분 도란도란 한 접시 식탁에 올리는
몇 날이 남아 있을까, 시들지 않는 생애

옹이 품은 복사꽃나무 아래서 연분홍 마음 한자락 황홀로 물들어서
문득 기념사진 한 장 저울질에 주소 모를 새소리 날아들어
곰살갑게 추억거리 박아 놓는

이국살이에 이가 시리도록 이골난 중년 둘
날개 달린 갓난아기 미소로 훨훨 봄날을 간다

느낌의 오류, 착시현상일지도 몰라

휘어진 에스컬레이터

　상하이 난징 심장부에 깃대를 세우고 '신세계' 열어간다
　활꼴처럼 휘어진 에스컬레이터
　단단히 허리에 두르고 포물선 그리는 그물망 내려
　백년 먹이 사냥 나선 오만한 겸손 바라본다

　해묵은 기술 너머로 예술의 상술에 밑줄을 긋고 신분상승 구호 외치는
　　백화점 목청
　부드럽게 우아하게 품격 있게 정신으로 곡선의 길 악보에 올린다

　한 번 생각하고 또 한 번 더듬어 가는
　옥색빛깔의 행보 침상머리에 우두커니 앉아
　눈물고지 동정에 휘어질망정 꺾이지 않는 생명선을 마음먹는다

　더께 낀 세월 사는 동안 더운 바람 찬 바람을 아등바등 빈손으로 보내지 않고
　　고난을 통과한 여자
　열흘이면 열흘 적선에 길들여져 못 고치는 성깔이야 숨지면 끝날라나
　뿌린 대로 거두는 소화불량이 키운 고장난 몸 일찍 수그려 들어

알맹이는 간데없고 껍데기뿐인 남자

  무어 잘나 여태껏 손 놓질 못하고 묵언수행 염주를 굴리는가
  시방도 현미경 눈으로 몸속을 들여다보며 부지런히 먹잇감 실어 나르는

  구부러진 에스컬레이터, 부러질 줄 모르는 그냥 마·누·라

붕대 감은 119

마음과 마음으로 이어 쓴 사회계약설

북풍 한랭전선 휘몰아쳐
갈기갈기 찢기운 언약
별 없는 밤 마포 하늘, 눈발로 날린다

담장을 넘어 우르르
정도를 헤살 놓는, 헤아릴 수 없는
침탈 난동의 발자국

2025년 1월19일(을사년) 밤에서 새벽으로

듣도 보도 못한 이 땅 처음으로
애국시민(?)이 쓴 굴곡의 역사 한 면

민주의 보루, 법정이 붕대를 감은

안재찬 약력

《시인정신》으로 등단.
시집 : 『침묵의 칼날』 『광야의 굶주린 사자처럼』 『바람난 계절』 외
수상 : 현대시인 작품상. 자유문학상, 조연현 문학상 등

여영미

하루를 보내는 일 외 2편

하루를 보내는 일은 인생을 보내는 일이다
슬픔과 갈증에 평화를 잃어버린 사람들은
정착을 모르고 유독 쉴 새 없이 다닌다

쉴 새 없이 다니다 탈이 나고 발병이 날 때가 되어서야
기약 없이 다닐 수 있는 것만으로도 감사함을 느낀다

슬픔과 갈증과 아픔도
삶의 일부, 혹은 과정이란 것을 알면
삶을 있는 그대로 받아들이기 시작한다

삶이 잔잔해지기 시작한다
노을 너머 그리운 눈빛들을 안고
어둠 속에 불러보는 이름들을 더욱 안고
한때의 사랑, 한때의 기억을 노을이 몰고 사라지듯

캄캄한 밤이 오고,
살아간다는 것은 외로움을 견딘다는 것
하루를 보낸다는 것은 빛이 없는 밤을 견뎌내는 일
혹은 지나보내는 일

세월이 간다는 것은
하나씩 잃어버리는 일

얼마나 잃어버리면 세월이 끝나는 걸까
창밖에 노을은 잃어버리고 끝내는 것이 아니라
다 품고 하루를 떠나보내고 있다

오늘 하루도 수고했다고
내가 스스로에게 말을 하고
하루를 마무리하고 다른 세상으로 간 태양에게
고마움과 작별을 전하네

숨바꼭질하고 있나요

새색시 시절도 있었지
곱디곱던 분홍빛 치마저고리
연두저고리 주홍치마에
까르르 새하얀 치아 보이며 마주 웃던 시간

하릴없이 짧은 시간인 줄 모르고
창창한 미래라며 꿈만 품고서
꿈나무에 꿈으로 꽝꽝 못질하면서 단단히 엮던 미래라는 이름

꿈을 빼내니 인생이 와르르 무너졌어요

태양빛이 아파요
반쪽 달빛이 은은하던 날 밤
큰 눈망울의 신랑은 어디 갔나요
빈 술잔을 들고 당신을 찾아 나서요

반쪽 달빛은 며칠 지나면 가득하니 보름달이 되어요
날은 지나고 당신을 찾아 헤매는데
보름이 되어도 내 가슴은 반쪽이예요

우리는 행복과 멀리 아주 멀리 떨어진 유배지로 떨어졌어요

유배지는 사람이라도 있건만,
당신은 눈을 감아야 보이는 마음이라는 곳에만 있어서
내가 있는 곳은 늘 응달이에요

술잔도 줄어들지 않아요
당신은 또 어디선가 내 각시는 어디 있나요 하면서
우리는 숨바꼭질하고 있나요

사람이 없네

가상화폐와 AI 시대
없는 것이 없는, 안 되는 것이 없는 세상의 업적
그 절대적 세상에 사람이 없네

사람이 참으로 쉽게 가네
꽃피듯 지듯 가는 것이 아니라
꽃이 피지 않고도 가네

무엇을 잡으려고 청춘은 달려가나
노인이 되어도 잡히는 것은 아무것도 없네

내 사람이 사라진 세상
세상이 발전한다고 무엇이 달라질까
삶은 무엇인가 잡는 것이 아니라
사람과 사람이 서로 손을 잡고 걸어가는 것임을

잡을 것이 없으니
흔들리는 건 당연하다 싶은데
잡을 손이 있는 사람들이
오히려 더 넘치게 흔들리네
불꽃이 튀는 욕망의 다리 위에서 출렁이네

그들은 아직도 사람을 잡을 줄을 모르네

욕망만을 잡고 흔들리네

　　그런들 아닌들 내 사람을 잃고
　　가상화폐 AI를 보면서 가상의 내 사람을 만들 줄도 모르면서
　　겉만 뻐기는 디지털 시대에
　　삶의 허무 위에 넘치는 욕망만이 여전히 왔다갔나 하네

여영미 약력
월간 《시문학》으로 등단
시집 : 『혼자서 길들여야 할 세월들에 대해』 『빨간불이 들어오면 어디로 갈까』
수상 : 한국현대시인상

이 솔

스며들다 외 4편

바람결로 나뭇잎새 끝 매달려
나무와 한 호흡 중이다
우둔한 바위를 푸른 숨결로 숨 쉬게 하는 스며들기
숲 속 나무 사이사이 산등성 지나며 놀며
땅속 층층이 스며 한 덩이로 보듬는
은근함 속에서 어른대는 무늬

계곡물에 섞여 한 줄기
새 설레임으로
서로의 눈동자 열고 태초를 발견한다

빛결로, 물결로, 숨결로, 바람결로
스며들며 받아 안는다

문창호지로 스며드는 달빛 한가슴
스밈의 환희
무명이나 비단이나
한 호흡으로 천천히 멈춤 없는
너 그리고 나!

기도로 매달려 있는

보살의 눈빛 정적으로
온몸 새벽을 들이쉰다
숨결마다
진주빛 영롱함 뿌려 놓는다

계곡은 시원하고
초록의 잎들이 태양을 손짓하고
무한 너그러움
바람결에 푸른 그림자 일렁인다

그 정적
기도로 길게 매달려 있다

그 가지 끝
뜬구름 한 덩이

첼리스트를 위한 기도

첼리스트는 가장 긴 포옹을 할 수 있다
비스듬히 앉아 발끝을 세우고 포옹의 자세를 만든다

여인의 팔에 안긴 피에타
예수의 주검을 받쳐 안은 성모마리아
무릎에 안겨 늘어뜨린 손등의 그 못자국을
비탄과 슬픔을
긴 활은 부드럽게 어루만진다

활이 미끄러지며
끓어오르는 소용돌이를 달랜다
—아가야, 염려 마라—
자세를 다잡고 두 팔에 힘을 조여 온다
—너를 낳았다—
모두 내어주고 한아름으로 받아 터질 듯
너를 낳았다

첼로의 현을 훑어내리는 활
울림통을 흔드는 노래
달려가 포옹으로 안기는 황홀한 기도

박쥐 날다

날개로 난다 물론이다

날개로 먹이를 잡아낸다

날개는 손이다
날개는 발이다

태어나는 새끼도 날개로 싸안는다

거꾸로 매달려 살아도 좋다

날개만으로 충분하다

무엇을 더 달라 애원하리이까

날개 하나로 모두 해내는 박쥐

검은 동굴에서 날개 하나로 날아오른다

소시민 에이(A)씨

이 선생 어떻게 사시오
네 소시민으로 삽니다
소시민 좋지요

오후의 교무실 햇살이 밝다
편안한 답변에 유쾌한 교감 선생님
햇살이 대답할 준비하고 있다

소시민은 태어날 때부터 무게를 안다
중심을 벗어나지 않는다는 저울추
가볍다, 무겁다 해야 한다
소시민의 마음에 어긋나는 추는 계속 흔들린다
추의 중심 바로 잡고 바로 세운다

신문마다 뉴스마다 에이(A)씨가 넘쳐난다
그 에이(A) 씨들은 동의할까
탈을 벗지 못하는 세상에서 그냥 에이(A)씨로 남을까

나는 소시민이다
교감선생님도 소시민일까
에이(A)씨인가 비(B)씨인가

안심이다 햇살이 환하게 대답한다

이 솔 약력
월간 《시문학》으로 등단.
시집 : 『신갈씨의 외투』 『수묵화 속 새는 날아오르네』 『새는 날개로 완성된다』 외
수상 : 푸른 시학상, 청마문학상 신인상, 시문학상.

이오장

개미 다리 여섯 개 외 4편

알고는 못 밟지 그 아픔을
떨어지는 횡선 금방 지워져
허공 가르는 소리 남길 수 없는 꽃잎
순간의 포착으로 그려낸다고
이별의 눈물까지 닦을까
밤나무가지에 앉은 박새
팥배나무 꼭대기 차지한 꾀꼬리
배꽃 진 자리 서성거리는 까치
눈 밝은 참새나
귀 어두운 비둘기
날개 짧은 동고비의 울음으로 가득 찬
혼란한 숲의 움직임에서
수북하게 쌓인 꽃잎을 밟는 건
여섯 다리 개미뿐
부지런한 몸놀림으로 길을 차지한 개미
흙의 온기에서 꽃잎의 온기를 비껴
사뿐히 떨어진 꽃을 밟는다
숲을 울리던 소리가 멈추고
꽃잎 쌓이는 신음이 산길을 누른다

옥잠화 바닷가에 핀 까닭은

밤새 쌓은 탑이
열 손가락을 넘었습니다
저렇게 많은 물길 중
어느 길로 오시려는지
갈매기 등에는 아무런 표시가 없습니다
참나무 그늘 아래 바람이 멎어도
머리카락은 꼼짝없이 갯골에 꽂혀
물넘이 높이를 재고 있는 바닷가
봉황 꿈꾼 것이 잘못이었을까요
그렇게 느린 걸음인 줄 왜 몰랐는지
날개 없는 설움이 이런 것이었나 봐요
한 걸음만 옮기면 닿을 것 같은 깊이가
하늘을 품고도 남는다는 걸
세어도 봉우리에서 읽었어도
당장 뛰쳐나가지 못한다는 걸
멀리서도 아시겠지요
시간은 두 발이 묶인 바위자락까지
물길 터주는 햇살을 깔아줬어도
오시는 걸음 어디에서 마중할지
밤새워 닦은 옥비녀 빼지 못하고
머리채 휘휘 돌리기만 합니다

참새걸음

참새가 걸어가는 것을 보았소
울타리에 기댄 장미꽃이 웃었소
걸음마다 새겼던 모습 무거워져
접시꽃 앞에 던져두고
망설이다 날아가는 나비 쫓던 걸음 앞에
바람 일으키며 까치는 날아가고
기웃거리던 참새가 걸어왔소
궁금한 소식 꿈에서도 그리다가
아침 햇살 펼치기 전에 나선 길
굽은 길마다 자리 잡은 바람목에서
아무 냄새 맡지 못하고
사거리 담 벽에서 담쟁이 손끝이
가리켜 준 장미원
넓게 펼쳐진 꽃 군락에 당신은 없었소
가만가만 향기를 맡아보다가
흔적 찾지 못하고 돌아선 앞에
참새가 걸어오고 있었소
무슨 좋은 일이 생길까요
참새 걸음을 보면 장원급제한다는데
울타리 밖에 당신이 와있을지
당겨오는 향기 팽개치고 달려가는 앞에
와락 달려드는 꽃그림자
엉겁결에 안아 들고 넘어졌소

꿈 아닌 꿈에 화들짝 놀라 돌아보니
저만치 참새가 뛰어가는 게 보이오

참나무 이름으로

꽃그림자 아래에서
갈참나무 그늘로 갈참이었지
샅샅이 살펴본 자리에
너의 흔적 찾을 수 없어
개미집만 허물어 요란했던 숲을
굴참나무가 꿋꿋하게 달래주었지
신갈나무 밑에서 고쳐 맨 운동화 끈
단단하게 묶인 줄 알았는데
고갯길 하나를 못 넘기고
너는 상수리나무를 찾아갔지
졸장부였을까
졸참나무 그늘 떠나지 못하고
되지빠귀 울음 따라 울던 나는
떡갈나무 곁에서
떡시루 앉히는 어머니를 만났지
꽃은 피어나 색으로 말하는데
너를 보지 못한 나는
자국 하나 찾지 못한 채
참나무를 건너뛰는 되지빠귀 울음으로
종일 너를 불렀지

바람독

장미원에서는
바람독 들어도 좋다
갖가지 향기에 섞인 바람맞아
사나흘 앓아누워도 괜찮겠다
햇살 아래 꽃향기 퍼질 때마다
따라 다니는 나비 날개에
못다 꾼 꿈길 실어 날리면
어디서 네가 받아주지 않을까
꽃송이 하나에 그리움을
향기 한가닥에 꿈 이야기를
남김없이 적어 보낼 수 있다면
비둘기 날개 빌리지 않고
참새 입 대신할 수 없어도
장미보다 붉은 사랑 전할 수 있지
꽃송이보다 많은
꽃 색깔보다 짙은, 그 말
활짝 핀 장미가 알고 있는데
바람독 맞는다고 피할까
많이 젖을수록 좋지

이오장 약력

《믿음의 문학》으로 등단
시집: 『왕릉』 『고라실의 안과 밖』 『천관녀의 달』 『99인의 자화상』 외
시평집: 『시의 향기를 찾아서』 평론집: 『언어의 광합성, 창의적 언어』
수상: 전영택문학상, 시문학상

이혜경

도마 위의 경계선 외 4편

도마 위에 놓인 여정
계속 잘라본다

억울한 면이 나오고
불공평한 면이 나오다가
엉망진창 삶의 조각
조금씩 떨어진다

그만 자르기로 하고
넓은 도마 위에 완전히 펼친다

시야를 넓혀 속도를 늦추니
공평하게 잘리는 삶

햇볕이 있으면 응달이 생기고
양지가 음지 될 날 있고
음지가 양지될 날 온다
겨울 속에서
노랑 봄이 숨어 나온다

빛과 어둠이
질서 있게 행진하는 중
선악의 경계선에서

죄인으로 살아갈 필요가 없다

그 어느 경계선을 잘라도
두렵지 않다
상처 난 도마를 치운다

낙엽 도서관

낙엽끼리 떠들고 있다
서로 모여 바스락거리는 소리
햇빛이 들어왔다 나가도
수분조차 없이 애타는 모습
창밖에 시선을 멈추고
한때 창창한 푸른 교실 향해
우쭐거린 시절 그려보는
나를 닮은 것일까
육체는 이미 낙엽이 되어
서가에 진열되었고
도서관 목록은 나이 숫자표
비벼대는 낙엽 소리에
뼈 부딪치는 울음으로 어둠 깨워
날밤을 새고 누워있다
아무도 모른다
낙엽이 되어보지 않았고
뼈마디 부딪치는 소리
듣지 못한 귀는
피부 노화에 고작 호들갑 떨 뿐

딱 하나뿐

어느 날 고개 들어 산을 바라보니
구름은 여러 개 푸른 하늘은 하나

다시 고개 숙여 바다를 바라보니
새들은 떼 지어 날고
마냥 푸른 바다도 하나

푸른 꿈꾸고 사랑을 품었던 그곳
시간이 지날수록 사그라질까
높새바람도 그물에 걸리지 않는데
뜨거운 신음소리 어디서 들리나

우리가 사는 별들의 집
영치기 할 기운도 없이
온몸 망가지는 흙덩이다

목숨은 딱 하나뿐, 생명의 외침
지구 하나가
오늘도 애간장 타고 있는 중이다

꽃밭에서

그 자리에서 계속 맴돌고
나름대로 뒹굴다 보면
언젠가 꽃향기 스며들겠지

눈 밝아지고 맑아져서
마치 선한 사람 된 줄 알았는데
알고 보니
내가 미소 지은 모습이 아니었어

동요하지 않은 네가 베푼 향기
내 몸에 배였던 거지
저절로 심호흡하니 깨어났어

바라보는 꽃이
제대로 나를 바라보아야
지나온 시간이 깨어난다는 것을

이제야말로
진짜 리듬을 타고 있구나
영혼의 꽃밭에서

화산처럼

분출하는 화염
펄펄 살아있는 것

자신 있게
내놓을 수 있는 것

손가락에 힘주고
머릿속에 담을 수 있을까

멋지게 휘갈기며
쥐어짜지 말고 맛깔나게

익은 듯 안 익은 듯
알쏭달쏭 궁금하게

호기심도 드러내며
폭발할 수 있다면 좋겠다

좋은 문장들이 화산처럼
그렇게

이혜경 약력
월간《문예사조》시 등단, 《국제문단》수필 등단
시집 :『언젠가는 매화』『책갈피 이력』외 수필집 :『살아온 흔적 살아갈 시간』외
수상 : 새문안문예, 시와 창작 문학대상

임경순

물발자국* 외 4편

서치라이트 화살로 강타하는 쇼핑 광고

결핍, 새살까지 벗기려 충혈된 카피라이터
마법은 주눅을 끌어내 채널에 고정한다

쇼핑몰에 반납된 꼬깃꼬깃한 하루
신상품이 할부로 쭉쭉 모니터에 깔린다

눈 돌린 곳마다 솟구치는 충동질
욕심은 평생 늙지 않는 법

목적이 식어버린 잡동사니
차마 버릴 수 없는 핑계들
구석구석 욱여넣는다

양말이 신발을 끌어오고
원피스가 바지를 불러들이고
겨울옷이 가을옷을 낳고
봄은 새 알을 까고 여름이 새끼 치는
수납장이 구토를 시작한다

청바지 한 벌에
욕조 오십 개 넘는 물이 사라진다고

1초에 옷 한 트럭 버려지는 사막
깡마른 소들
쇼핑 음모 시신을 씹어 먹고 있다

* 원료를 취득하여 제품을 생산하고 유통한 뒤 소비자가 사용하고 폐기하는 전체 과정에서 사용되는 물의 총량.

마침표

폐기 번호 붙어있는 원목 피아노
감긴 테이프 떼어내고 뚜껑을 연다

바이엘에서 체르니까지
넘나들던 손가락 #과 b을 불러낸다
모데라토보다 더 느릿하게 바람에 실린다

월광 소나타
쇼팽스러운 야상곡을
눌러주길 기다리고 있는 페달

고층 아파트 구석진 곳에서
불후 명곡을 품던 소리 박물관들이
손절 포인트를 기다리며 내려다본다

한때는 악기의 황제라 했던가
높은음자리표 공중으로 흩어지고
오선지 가닥가닥 찢길 순서를 기다린다

긴 수염으로 여기저기 탐색하는 길냥이
낡은 의자에 앉아 잠시 눈을 감는다

추모곡 하나 없는 시시콜콜한 풍경이
덩그러니 비에 젖는다

조난신호

일출로 우려진 바다
땅끝을 거부하는 섬들이
뚝뚝 밤송이처럼 떨어지는 갈두항

누굴 믿는 일에 맥 빠지면
거짓이 막무가내로 꾸짖고
그림자 궁색한 궤변을 늘어놓는다
이미 중력과 속도는 무한히 지나가 버렸으므로
이유나 질문은 거친 파도 뼛속에 묻기로 한다

부표와 울먹이다 망망한 빈 무덤을 지나니
지독한 기침이 멎고
깊고 고요한 수평선에 떠 있다
그대로 침묵하는 섬으로 휩쓸려 가기로 한다
섬은 나보다 오래 참고 있었을 테니까

막 도착한 노화도에서
여전히 거기에 있다가 거기 없어도 괜찮을
보길도에게 조난신호를 보낸다

의자

편두통에 너를 끌어당겨
자음으로 변환되는 중입니다
포기한 직립이 들여다봅니다
모양이 제각각이라 책상의 해석이 없으면
무거워지는 머리를 오래 괴지 못합니다

사라지지 않고 녹지 못하는 것들이
다리를 꼬게 하고
겨드랑이로 손을 감추게 합니다
겹치거나 포개진 틈을
어금니로 지그시 눌러줍니다

코끼리를 냉장고에 넣었다고
눈을 부릅뜨자
코끼리보다 더 커진 것들로
아직 일어설 수 없습니다

너라는 책 한 권 완독 못하고
밑줄만 긋다가 주저앉네요
서늘한 밀착이 낡아갑니다

다리가 바퀴로 교체되면서
유연을 가장한 직각의 틀은 견고해집니다

친절한 손잡이가 있지만
쉽사리 헤어 나오지 못합니다

너에게서

감정기억

솜사탕으로 싸여진 불안을 뜯어먹는 시간 여기에 없는 네 속에 나는 멀리 떠나 있을 때가 많다 정신 차려 돌아오다 유리조각이 눈에 박힌 후 자주 깜빡거리기 시작한다 눈이 부시고 두 개로 겹쳐 펼쳐지는 환타지 그로부터 안경에 갇힌 기억이 웃자라 발톱을 잘라내도 정체가 드러난다 공황장애와 자주 부딪치며 엄지발가락에 뻘겋게 저장된다 휴대폰 속 화석이 된 이름, 하나 둘 모음과 자음이 낯설게 검색된다 그럴 땐 익숙하게 덧칠해 안전장치를 잊지 않는다 지워버릴 수 없는 초성 중성 종성 모처럼 햇볕이 좋은 날 그/그녀를 불러내어 보송보송할 때까지 기다려준다 휴대폰이 꺼진다 안경 벗고 눈을 비빈다 수면안대를 쓰고 슬픔마저 흐릿해지면 기억이 가물가물 만져진다 곪아터진 발가락이 꼼지락거린다

임경순 약력
월간 《시문학》 등단
시집 『숨은 벽』 『시계가 날 때리기 시작해요』
푸른시학상 수상

정진해

3월 농장 외 4편

괭이로 흙을 두들겨 소리를 듣고
봄의 깊이를 재고 문을 연다

겨우내 빠져나간 기력에
먹여주는 농익은 거름 한 짐
쟁기로 갈아엎어 소화를 돕는다

추위에 토막 난 짧은 햇살에도
사랑방에서 소록소록
깨어난 새싹의 만찬 시간

불그레한 농부의 얼굴
쟁기로 갈아 잡초를 묻어두고
씨앗 하나둘씩 간격에 맞춘다

흙의 참 맛은 작물 잎에 가득하고
노란 꽃 피워도 묵묵한 침묵

추수 때 떨어진 이삭을 새가 줍는다

밭둑

추억의 약속
밭둑 가운데 한 가족이
봄부터 땅 일구기 시작이다

손가락보다 더 많게…
소유권 주장은 잊었나
더 차지하려 하지 않는다

칠월 장마까지 끝내고
조롱조롱 꿈주머니 달면
멀리 살고 있는 딸 소식 엮인다

얼룩무늬 꽃잎 푸는 날
점점이 묻어나는 발자국엔
참나리꽃 반가이 맞아준다

여름 꽃 하나

몸부림치는 자연
흙과 바위는 말이 없는데
바람과 구름, 비가 요동치며
사방으로 달아난다

모자와 손바닥으로 얼굴을 가려도
구름은 높은 곳에서 내려다보며
바람을 타고 조롱하듯 웃는다

빗방울은 바람 무게를 달고
바람은 빗방울을 바위에 던진다
잎사귀 위에 고이려 해도
자꾸만 흔들고 다시 흩뜨리며

바람은 벌의 날개를 접으라 하고
빗방울은 꽃의 꿀을 녹여버린다
모여든 빗물이 흘러
흙 속으로 숨는다

여름 꽃 하나, 아침에 피었다

보길도

잔물결 가르며 떠나는 여객선
이별과 만남을 이어주는
고요한 동행이 된다

멀리 날던 갈매기는
갯벌에 모인 왜가리에게
쓸쓸한 마음조차 빼앗긴다

조금씩 줄어드는 물살의 두께
시간의 부표 천천히 눕히고
돌아올 길을 묶어둔다

옛 선비의 발자취 따라
위아래 좌우로 곡간을 채우며
추녀 끝에서 식히는 땀방울

돌아가는 여객선
마지막 울부짖는 뱃고동이
섬 숲 너머로 사라진다

익숙하지 않은 이별
보길도 멀리 아쉬움을 남긴 채
조용히 뭍으로 간다

물방울

어둠에 조용히 내린 비
아침 짙은 마당에
나뭇잎 풀잎 목욕 끝나고

기척을 찾아 대문 나설 때
빗방울 뚝 뚝 뚝
콧등에 산산이 떨어지고

차창 밖 풀잎의 호들갑에
쳐져 눕는 나뭇잎
종종걸음 강아지 전신을 흔든다

이랑에 알찬 양배추 잎
영롱한 빗방울 모아
속마음 가득 풍요를 채우고

정오에 온다는 손녀 발걸음
물방울로 총총 엮일 때
구름 밀치고 나온 햇살이 반긴다

정진해 약력
계간 《한울문학》 등단. 에듀씨코리아 작가
저서 : 『궁궐의 정자』『풍경이 있는 정자』『호박이 땅콩을 닮았어요』
『실크로드를 걷다』『수줍은 처녀치마』『아침모퉁이집』『꽃의 나라』 동화 등 다수

조명제

없는 팔 외 4편

전장에서, 나쁜 푸틴이 일으킨
우크라이나 전장에서 알리나의 남편
안드리이가 돌아왔다 병실을 찾아
돌아온 부상군인 남편을 옆으로 비스듬
껴안고 눈을 감은 표정의 부인 알리나,
두 눈 잃고 상처 많은 안드리이는
사랑하는 아내를 포옹하며
기뻐할 팔이 없다 치열한 전장에서
두 팔을 박격포탄에 잃어버리고,
부인에게 안긴 군인남편은 표정도 없다
없는 팔 없어진 팔로 안드리이는
아내를 안으려 안간힘을 쓰고 있을까?
없는 시를 쓰겠다는 나는
없는 시로 있는 시를 껴안을 수 있을까?
우크라이나 군인의 황당한 비극이
없는 시의 환지통으로 번지고 있다
없는 팔 없는 시의 슬픔이여

히로시마의 까마귀

히로시마 평화공원 가는 길,
오월 연둣빛 자잘한 꽃숭어리들이
짙은 잎새 위에 뭉게구름인 양 피어오른
팔남나무 가지 사이로 슬며시
까마귀 한 마리, 또 한 마리
서로 다른 나무에 날아와 앉는다
히로시마의 혼령인 듯
능글맞게 사람들을 내려다본다
공원 입구쪽의 히로시마기념관,
원자폭탄 투하 전의 도시 전경과
원폭 투하 이후의 도시 전경이
극명하게 대비된 대형 사진과 영상들,
제2차 세계대전의 광기를 새삼
말하여 무엇하랴
원폭의 위력, 가공할, 불가해한,
결코 해독되지 않는 기표들의 역습
79년 세월, 잿빛 기억의 비극은 남의 일이 아니다
망자들의 한恨, 산 자들의 흉물 얼굴,
괴상한 몸뚱어리, 타다 만 일기장
통한의 수습 유물은 끝이 없는데,
꼬마들의 단추가 많은 웃도리,
조그마한 바지, 앙증맞은 소대나시는
방사능 광풍에 누르딩딩, 꼬깃꼬깃

구겨지고, 찢어지고, 미어지고,
더러는 날아가 버리고,
우그러진 벤또의 먹다 남은 밥은
석탄빛 금속인 양 칙칙하다
기왓장들도 철제물들도 녹아내려
저희끼리 엉겨 붙은 채
악몽의 시간을 건너는 코너를 돌아
휘어지고 찌그러진 자전거 한 대
눈에 밟혀 다시 본다 즐거웠을 뒷바퀴와
체인이 감기었을 톱니바퀴가
슬픔의 문장처럼 쓰러진 앞자리에
뒤늦게 간신히 찾아와 누운 듯
신묘하게 우그러진 앞바퀴의 쇠붙이 안 테두리
그리고, 두어 자 높이의 백미였을,
속 빈 철불좌상, 불두가 매혹적인
얼굴 반쪽과 목부터 복부까지 날아가 버린
잔톱니바퀴 모양으로 찢겨나간 선線!
세상 어느 천재 조각가가 있어
저토록 천연스러운 모양의
조형상을 빚어낼 수 있으랴
부끄럽게도 나는 극한의 비극에서
예술보다 위대한 신비를 보아버렸는가
히로시마, 까옥, 히로시마,

새, 앉았다 떠난 자리

새들이 온다
쥐라기의 추억을 각족脚足에 새긴
새들이 날아온다

잔설殘雪의 들판 허공으로
아파트의 옆구리로 늦은 눈 내리는
철공소 지붕 위로 외진 오두막 폐가로
겹겹이 하늘을 접어들인 날개의
새들이 날아온다

새들이 앉았다 떠난 자리,
새들이 옮겨 다닌 허공에 안 보이는
새들의 자취가 명주실로 이어진다면,
지층을 날아서 허공으로
허공을 날아서 나뭇가지로

나뭇가지에서, 혹은 바닥에서 떠난
새들의 실선이 보이지 않는다
새들은 머물렀던 자리에 꿈의
흔적을 남기지 않는다

허공 가득, 누대累代로 날아오르고
자유롭게 누누대로 날아다닌 동선動線

꽁무니에 명주실이라도 뽑으며 비상하였다면
안개처럼 자욱할 천지간의 비선飛線들
새들은 앉았던 나뭇가지, 혹은 동선에
사랑의 종적蹤迹을 남기지 않는다

새들이 날아간다 하늘을 향해
쥐라기의 지층을 날아서 지표에
둥지를 틀고 새끼를 길러도 새들은
비상의 흔적, 결코
제 이름을 남기지 않는다

가을 해당화

새의 문법을 이해하지 못한
기차는 바닷가 모래밭에서 멎어버렸다
카키색 스카프의 바람을 일으키며
풀밭을 질러간 여인은 간이역을 지나
부러진 수평선을 널어 말리고 있었다
철자綴字들의 울음을 마저 해독하지 못한
바다의 뼈는 모래언덕의 무덤들이 되었다
흰 모래 해변의 가을 해당화海棠花,
쓸쓸하다라고 쓰고, 나는
슬픔의 단위를 몇 겹의 향기로 읽는다
오두막집 작은 툇마루의 한 권 책
바람은 몇 페이지 책장을 접었다 펴고,
사립 앞에는 죽은 물새가 조각달을 품고 있었다
여인은 죽은 시詩의 날개에 물을 뿌려 주고
바다의 문을 열고 수궁으로 들어가고 있었다
해당화 빛 암호로 기차가 깨어난다면
죽은 물새는 구름의 문장으로 피어날까

시가 없는 이상한 나라

곤쟁이가 북명北冥의 대어 곤鯤을
한 입에 삼켜버리고,
노랑턱멧새가 구만리장천을 나는,
날개 길이 수천 리의
대붕大鵬을 나꿔채어 가볍게 날아간다
어미닭이 한 배의 병아리를 달고
뜨락에서 한가로이 노닐 때, 병아리들은
노란 햇살을 쪼아 먹는 듯이 보인다
호기로운 병아리 한 마리, 문득
익룡翼龍을 물고 도망친다 형제 병아리들이
빼앗으려고 뒤쫓는다 詩의 수레바퀴가
빠져서 언덕 아래로 굴러간다. 도화桃花가 만발한 마을
길갓집 허름한 목판대문 밑으로 흰점눈박이강아지가
이마 걸린 채 얼굴을 반쯤 내밀고
눈알을 굴리며 바깥세상의 궁금을 읽는다
지금은 어느 시대인가?
노거수老巨樹 대춘大椿이 잠시 흔들리고,
그 사이 일억육천만 년이 흘러갔다

조명제 약력
월간 『시문학』 시 천료·계간 『예술계』 문학비평 당선으로 등단.
시집: 『고비에서 타클라마칸 사막까지』, 『오스트랄로피테쿠스의 노래』.
비평집: 『한국 현대시의 정신논리』, 『윤동주의 마음을 읽다』 외 다수
중앙대문학상, 미산올곧문예상, 시문학상, 한국문학인상 수상.

NGO 신문 신춘문예 1회~9회

김나비_ 혈거인 외 4편

유정남_ 꿈 외 4편

김정범_ 안개 외 4편

최경은_ 샌드 드로잉 외 4편

박용운_ 만남 외 4편

이영란_ 얼굴 외 4편

강기영_ 봄을 물었는데 어느새 가을이라고 대답하네요 외 4편

안정숙_ 수평의 힘 외 4편

김나비

헐거인 외 4편

꼬리를 자르기로 한다
다마스커스 칼을 들고 질끈 눈 감는다

허공이 쪼개지고
세상과 이어져 있던 꼬리가 팔딱이는데,
피 한 방울 나오지 않는다

깔끔하게 잘린 혈관을 검은 실로 봉합하고
창밖으로 던진다

세상은 그것을 주워
엄지와 검지로 잡고 빙글빙글 돌리다
동강동강 썰어 토기에 담은 후
까만 웃음을 버무려 저글링 하겠지
껍질을 벗기고 바싹하게 구워 씹어 먹을지도 몰라

 땅속 7미터, 굴을 파고 들어가 혹한을 견디는 산도롱뇽처럼
 골방에 동굴을 파고 들어가, 깊고 깊은 암막 커튼을 치기로 한다

남은 몸통에 쇠사슬을 묶고
발목엔 빗살무늬를 타투 한 채 동굴 속을 걷고 또 걷는다

일렁이는 그림자가 커지고
바람이 업고 온 야윈 해의 손가락이 눈을 찌르면,

산도룡이 낙엽 뒤지며 흰개미를 찾듯
충혈된 눈으로 어둠을 뒤지며
노트북을 연다

이 겨울이 지나면 나는
동굴 속에 모닥불을 피우고
나를 낳기로 한다

설인

밥 익는 냄새가 나서
눈이 오는 것을 알았다
솔가지 위에 부푸는 숫눈 위로
차곡차곡 밀려오는 겨울

눈이 오면 두 명의 내가 나를 찾아온다
셋이 되어 말없이 만나는 우리

히말라야에서 이고 온 눈을
현관에서 툭툭 털어버려도
어느새 머리카락이 축축이 젖어 있듯
뇌를 적시는, 털어버린 나들

매번, 눈이 따듯하게 내리는 날에 팔목을 긋다니
하얗게 익어가는 밥처럼 눈송이가 세상을 데우던 날
나는 나와 헤어지기로 한다

시린 발자국 위에 번지던
그렁그렁한 핏물과 나 그리고 또 다른 나와 나

나를 통과한 겨울이 자꾸 되돌아오면
멍든 허공을 흰 물감으로 덧칠하며
다른 시간의 눈 속을 서성인다

너무 오래 내리는 눈은
나를 너무 길게 내 앞에 세워 둔다

헤진 아픔이 다시 푸들푸들 일어나면
칼을 쥐었던 손으로
수저를 든다

투명인

나는 매일 투명해지고 있다
도깨비 감투를 쓴 것도 아닌데,

편의점으로 여자가 들어온다
얇은 표정으로 딱따구리 소리를 내며 껌 씹는 여자
핸드폰은 왼쪽 귀에 붙이고 큰 소리로 통화하며
오른쪽 검지로 팔리아멘트를 가리킨다
담배를 계산대 앞에 꺼내주고 얼른 눈을 간다

허공을 밀어내며 부풀던 풍선이 푹 널브러지고
다시 퍼진 껌을 일으키는 여자
뒤돌아서는 그녀의 눈빛이 내게 말을 한다
안 · 보 · 여!

어제 온 손님의 눈빛이다
눈빛마저 표절하다니
여자가 문을 밀고 나가자
문 위에 늘어진 면발처럼 걸려있던 종이
삿갓 쓴 머리를 흔들며 깔깔거리고
표독스러운 바람은 유리창을 할퀸다

빗방울만이 나를 알아보는 듯
유리에 다닥다닥 엉겨

투명한 눈을 동그랗게 뜬다
나는 점점 더 투명해진다

투명하다는 것은 깨지기 쉽다는 것
뽁뽁이 같은 보호막이 필요하다는 것

감투 없이 살고 싶다
명치에 오래 가둬두었던 말을 꺼내 발음해 본다
바짝 마른 말이
울대를 타고 삐걱삐걱 걸어 나온다

편의점 문이 열리고, 종이 깔깔거리고
손님이 내게 도깨비감투를 또 씌워 준다

임차인

  태어난다는 것은 몸을 빌리는 일이지요
  공인중개사의 소개도 없이, 임장 한번 못 간 채로 말이지요
  가진 건 영혼밖에 없으니 그걸 보증금으로 걸어야겠어요
  사는 건 몸에 숨을 불어 넣고 살을 붙여 시간을 들이는 일이겠지요

  입주하는 날은
  복사꽃 해사하게 웃는 날이면 어떨까 싶다가도
  눈발이 세차게 흩날리는 날도 괜찮다 싶어요
  추운 날일수록 가족의 눈빛이 난로처럼 느껴질 테니까요

  어차피 빌리는 거 반짝이는 몸이면 좋겠다는 생각도 해봐요
  잘나가는 엄마 아빠도 있고 요크셔테리어도 한 마리 있으면 좋겠어요
  카랑카랑하게 짖으며 나를 지켜줄,
  마당엔 그네가 있는 집이면 더할 나위 없겠지요

  운 중에 가장 큰 운이 몸을 잘 빌리는 것
  멋진 몸은 운 좋은 사람들 것이겠지만,
  언젠가는 내게도 운이 들어오는 날이 있지 않겠어요

그런데 생각지도 않게 시인의 몸이네요

이번 생은 폭망이지만
쌍방 계약이 아니니 취소할 수도 없고
시를 팔아 비루하게 살수 밖에요

돌려준다는 것은 몸을 벗는 일,
늦털매미처럼 껍질을 벗고 떠나야 한다는 것이겠지요
반환의 의무는 꼭 지키려 해요

무릎 나온 바지 벗듯 미련 없이 발을 빼야죠
노을이 상리 터널 병목현상처럼 몰려오는 저녁,
우암산 휘도는 바람으로 귀를 씻고
맡겨놓은 영혼을 찾아
깔끔하게 그렇게

가상인 —딥페이크*

바다는 발작이 막 끝난 여자

거품을 입 밖으로 바글바글 밀어내며

힘없이 늘어져 있었다

하늘엔

어둠이 활짝 피어 있었다

검푸른 입술 아래 말을 삼키고 있는 바다

달빛이 교교하게 비추고 있는

까라진 바다의 맨살 위에

페트병이 둥둥 농담처럼 떠 있었다

농담이 계속되면 농담도 진담이 된다는 듯

바람은 바다의 가슴을 더듬으며 가볍게 웃고 있었다

어둠의 껍질을 벗기면 또 깊은 어둠

바다는 있었지만, 어디에도 바다는 없었다

* deepfake: 인공지능의 기술로 만든 가짜 영상.

김나비 약력
한국NGO신문 신춘문예 시 당선, 부산일보 신춘문예 시조 당선
시집 『나비질』 외, 시조집 『타임슬립』 외, 가사시집 『죽음의 품격』,
수필집 『내 오랜 그녀』 외
수상: 송순문학상 대상, 웅진문학상 대상, 등대문학상 최우수상 등

유정남

꿈 외 4편

유정남 호명하는 소리에 빈손을 내려다본다
시가 없다
옆구리를 급하게 뒤적인다
한 줌 풀과 마른 나뭇잎 몇 장이 떨어진다
시를 가져오기는 한 걸까
여백도 시도 원래 없었던 것은 아닐까
다른 뼈를 뒤적이는데 누군가 마이크를 쥐여준다
조명이 하나둘 꺼진다
사각 스피커에서 무반주 첼로 모음곡 2번 D단조가 흘러나
온다
숨을 세 번 쉬고 생각나는 제목을 천천히 발음한다
사·라·진·꽃
여기까지 뱉었는데 첫 문장이 떠오르지 않는다
아랫니와 윗니 사이에서 현이 떨린다
사라진 꽃을 다시 더듬거린다
검은 실루엣 기침 소리
낭독회에 온 유령들은 등을 보이고 앉아 있다
바람이란 단어는 핏빛 혓바닥 모음으로 흩어진다
배경음악이 살을 찌르는
암전의 무대에 밤새 서 있는 고문
발화하지 못하는 입술에 핏방울이 맺힌다
음표에도 금이 간다
저기요, 앞사람을 두드리면 등이 폭삭 주저앉는다

사과

너무 달거나 너무 신 홍옥을 자꾸만 보내올 때
식탁의 감정은 붉거나 푸르렀다

삼키지 못하고 목울대에서 부푸는 말

바닥으로 나뒹구는 날에
퍼석퍼석 으깨지던 너의 얼굴

갈변되어 버린 조각은 누구의 몫이었을까

언 땅에서 가끔 벌레가 기어나왔다
눈썹달이 알을 까는 밤이면
태어나는 벌레 떼로 잠이 가려워졌다

건넬 수 없는 바람을 담고 쌓여있는
박스와 박스
어둠에 눌린 사과는 사각형으로 굳어져 갔지

후회의 나방을 접시 바깥으로 날려 보냈다

언제부턴가 입을 닫아버린 상자
자라나는 모서리에 여러 번 손가락을 베었다

잘린 손가락들은 상자를 찾을 수 있을까

입술 주름에 매달린 채

씨니피앙
이 되지 못한
사과

충혈된 씨앗 두 개를 갖게 되었다

눈꽃 2월

규화*가 별빛으로 떠나자
눈꽃 맞은 2월호가 왔다

모지母誌의 영결식이었을까

국화꽃들이 웃으며 사진을 찍는다
검은 옷 사이
입가에 붉은 양념 무친 종이 밥그릇이 부푼다

이슬 취한 시인을 거리에서 본다

선생님 슬픔이 너무 길어요
넘치잖아요, 끊어요

그는 이미 손이 없다

시인들은 쉽게 버려진다
메일에 실려 온 바람이 고아를 뒤적거린다

원하는 대로 문장을 바꿀까요
로즈핑크로 입술을 적실까요

표정을 다듬을 필요가 있다는 답장이 온다

녹색 창에서 웃는 법을 검색한다
입보다 볼이 웃어야 예쁩니다
거울 앞에서 웃다가
내 볼이 사라졌다는 걸 알게 된다

불빛 새 나오는 카페
카멜레온들이 우글거린다

눈꽃 젖은 2월의 페이지 덮고 잠을 잔다

* 고 김규화 시인

겨울 택시 일지

젖고 있음, 취한 골목 네온사인에 출렁이고
12월의 뒤편에서 승차한 얇은 청바지
우우 젖고 있음
검은 라디오 즐거운 세모를 흘리고 있음
창밖에 잠수교가 보인다
에서 내려주세요
뭐라고요
내려주세요, 깜빡이 넣고
시동 줄이는 사
차선, 구멍 난 운동화 차 문을 박차고
피어오르던 구름 용수철로 튀고
한강 다리 위에 두 그림자 엉키고 있음
파란 청춘은 난간에 매
달려, 흰머리 기사는 거꾸러지는 허리를 붙
안으며 젖고 있음
공중으로 날아오르는 루돌프 사슴코
사막과 크리스마스트리 사이
겨울 어깨뼈 조각이 나고
털썩 주저앉은 밑바닥이 토해내는 얼음 낀 강물
몸의 반은 아이이고 반
은 어른인 엄마가 피었다고 함
옥탑방에 불던 모래바람이 자정의 종을 때리고 있음
보름달 실은 오토바이가 지나가고 있음

이순신스타우트* 마시는 밤

기억의 뚜껑을 따면 바다 냄새가 납니다
숨바꼭질하는 해안선
나를 자꾸 잃어버리던 사람과 마주 앉습니다
빨강 우체통은 위험한 사랑의 은유일까요
봉인된 봉투가 심장을 빠져나와 찾아간 곳은 어디일까요
까맣게 태운 맥아로부터 흘러온 흑갈색 물방울에
풀린 편지지 날개를 퍼덕입니다
하얀 거품이 달의 둘레에 묻습니다
취한 입술 비밀을 발설하고
모텔방에 가득해지는 탄 보리 내음
밤바다 별들이 빨갛게 달아오릅니다
비릿한 하늘 저편 고등어 떼가 날아갑니다
청춘 피랑에서 울던 바람이 저 홀로 쓰러지고
도남항 야경을 줌인합니다
오른쪽과 왼쪽을 수시로 놓치는 해안선 습관으로
렌즈는 밤 풍경을 놓칩니다
앗, 창밖에서 나를 훔쳐보던 실루엣이 구름에 저장됩니다
안과 밖이 동시에 출렁인 순간
연필등대는 바다에 불빛의 시를 쓰고 맙니다

* 통영 지역 맥주

유정남 약력
한국NGO신문 신춘문예 당선
월간 《시문학》으로 등단
시집 : 『일요일의 화가 8요일의 시인』

김정범

안개 외 4편

앞 을 가 린 *기 다 란* 죽 음
성 냥 *개 비* 하 나 가 타 오 르 며
검 은 몸 을 비 비 꼰 다 가 늘 어 진
뼈 대 를 모 아 허 공 을 접 는 다
늙은*아버지의*입술에서발견한낮선여자의흔적처럼*단풍진거리*
는 기 이 하 고 슬 프 다 닳 아 빠 진 살 갗 에 돋 는 *두 드 러 기*
치 명 적 가 려 움 이 부 풀 어
오 르 고 나 는 손 톱 칼 로
안 개 의 *살* 을 도 *려* 낸 다
공 기 와 섞 인 피 는
푸 줏 간 쓰 *레* *기* 통 에
버 무 려 진 *짐* 승 의 잔 해
나   는   자   른   몸   을
길   에   버   린   후
천   천   히   빨   려
들   어   오   는
하   얀   *균*   을
한 껏 마
셨 다

123-127-[ ]-[ ]-

가판대에 앉아 우동을 먹는 동안
머리칼에 서린 성에 위로 검은 눈이 쌓였다
수십 년 전 떠난 얼굴이
화면에 비치고
편의점 스피커에서 흘러나오는 비극적인 소리에
조금씩 고동치는 눈
눈이 흐느낀다
새로 그어진 123과 127
두 개의 도로가 엇갈린다
떨어지는 물을 지우며
목멘 우동 한 가닥이 길을 풀어낸다
보도블록 사이
겨울 초록빛을 번득이는 풀잎
철벅거리는 흰 바다 위를
또 하나의 잔인한 꿈이 비틀비틀 걸어간다

붉은 작약

네가 없는 시간은 텅 빈 집

뜰 안의 꽃들은 왜

저 혼자 떨다 공중에서 깨지는 걸까

감각의 혈관에 남은

슬픈 병균이 조용히 반응한다

구름 위로 떠오르는

어릿어릿한 뒷모습

점점 멀어지는 시간을 접어 툭툭 턴다

붉게 바랜 꽃잎 한 장 튀어나와

백지뿐인 허공에 수다스레 편지를 쓴다

시간 나무

낮은 음
행간 사이에서
한 싹의 푸른 잎이 솟아오른다

닿지 못하는 곳을
희망이라 하지만

안드로메다 성운까지 노래를 불렀다

간혹
꽃이 입을 열어
흙 속에 붉은 잉크를 떨어뜨리는 것을 보며

뿌리까지 닿은 물이 녹아
다시 잎이 되기를 기다렸다

시간의 입은 해골을 파먹고
잎은 기어다니는 애벌레의 먹이가 되었다

하염없이 꽃이 피고
소문 없이 꽃이 떨어졌다

휘.날.리.는.시.간.은.소.름.끼.치.게.아.름.답.다

적극가담:25.04.04.11.22.

　스스로 폐를 도려냈어 아무렇지도 않았어 조각난 세포를 바닥에 놓고 세어 보았지 얼마나 세었을까 비현실적인 구름이 방 안에 몰려왔어 몸을 덮는 검은 증기를 무거운 이불이라 생각하자, 속이 느끼해지며 토할 거 같았지 열…… 사병이야 말라붙은 사월의 꽃들이 바스락거렸어 호흡이 가빠왔지 꿈틀꿈틀 새겨지는 문자에 침을 뱉으며 썩은 깃발 위에 제 그림자를 비추는 저 몸부림 오린 폐로 두꺼운 창살을 만들고 있을 때, 흰 산소 빛 언어가 숨 안에 스며들었지 25.04.04.11.22. 모락모락 피우던 거짓말이 부서졌지 자신에게 속아 아메바로 쪼그라드는 그의 얼굴 0404040404040404 적극가담 전파를 타전하던 신하들은 몰랐지 누군가 도려낸 폐로 빚은 항아리 가득 맑은 물이 출렁이고 있는 줄은 그 물에 왕을 담그게 될 줄은.

김정범 약력
한국 NGO신문 신춘문예 당선,
월간 《시문학》으로 등단
시집 : 『병 속의 고양이』

샌드 드로잉 외 4편

한 아이가 모자를 눌러 쓴 채 그림을 그린다
레고처럼 계단이 놓여지고
미끄럼틀 사이로 회색 구름이 걸쳐진다

다른 아이들은 없고
아이 하나 남아
모래 위의 뭉개진 얼굴을 다시 그리고 또 그린다

그림 속 아이는 아이 얼굴을 닮지 않았다
귀가 유난히 큰 얼굴

너는 토끼를 좋아하는구나
내가 물으면

이건 블랙홀이야

불안한 눈빛
하지 못했던 말들이 내 입안에서 맴돈다

여섯 살이 가진 블랙홀 속에는 무엇이 있을까

고아는 아니지만
고아 같았던

아이가 우주를 짊어지고 있었다

빠져나올 수 있을까?

놀이터에는 아이 하나만 있다

큐브인간

사각의 면을 돌린다
그림자가 접혀있다

기울어진 모서리
문을 밀고 들어간 나의 뒷모습이 보인다
빌딩 속에 갇힌다
누군가 입구를 만들어줘야 빠져나올 수 있다

서로 회전하듯
빌딩 속 빌딩이 겹쳐지고
퍼즐 속 퍼즐들이 시간을 밀고 있다

444큐브 공식은 쉽지만
칸칸마다 미궁 속이라서
나는 한 달 내내 나를 잊은 채
빌딩의 법칙에 따라 움직인다

허공을 민다
여백을 민다
기하학적 무늬들이 그 속에서 쏟아져 나온다

모서리 근육이 되살아난다
빌딩 속 얼굴들이 서로 밀고 당긴다

엇갈린 조각들이 조각 속에 갇혀있다

규격화된 얼굴들이 낯설다

직선에서 직선으로
곡선에서 직선으로 앞만 바라보며 달려간다
달리는 걸음을 멈출 수가 없다

머릿속 수많은 공식들이 뒤죽박죽이다
너무 많은 내 안의 내가 열리지 않는다

플라스틱 감정

조각들이 쌓인다
나노플라스틱,
눈에 보이지 않는 입자들

조각들은 바쁘다
무한하다
은밀하다

플라스틱처럼 유해한 나를 나는 찾고 있다
나는 왜 유해한가

분노조절 안 되는 폭발적인 감정
외톨이라는 감정
보이지 않는 것이 보이지 않는 무기력을 낳는다

누구에게도 도움 안 된다는 생각이 닿는다
자존감이 움츠려든다

강박 속에 숨어 있으니
감정이 없는 플라스틱처럼 기분이 딱딱해 진다
플라스틱처럼 되고 싶은 생각이 밀려온다

감정을 지우고 또 지운다

새들이 추락하고
고래가 떠오른다
감정은 없어도 흔적이 남는구나

더 많이 자잘해져서 사라지기 전에

나 여기 있어요,
소리친다

마우스

컴퓨터를 부팅 하는 동안
바빠진 마음이 화면을 응시한다

심해어의 눈동자처럼 커서가 깜박인다

화면 속에서
화면 밖으로 넘쳐나는 기사들
글자 크기를 키우려다 잘못 불러들인 광고들

그물망처럼 연결된 링크 속으로 접어들면
내가 주인인지
마우스가 주인인지 알 수 없다

클릭클릭클릭

최면에 걸린 듯
무한한 방향으로 이동 중이다

공간을 복제하는
공간의 세계

고립에서 벗어나면 그 즉시 고립이 나를 깨문다
나는 왜 더욱더 고립무원이 되려는 것일까

이걸 알아차리는 순간
알고리즘이 넓어진다

연결과 연결 고리가 만든 사슬이 견고하다

묶이지 않은 채
난 영원히 묶여있다

모든 웃음에는 끈이 달려있다

 천정 끈에 매달린 인형들이 흔들린다 갓을 두른 머리에 호탕하게 웃는 웃음, 마고자를 걸치고 양반탈을 쓴 인형이 허풍스런 표정을 짓고 있다 수평으로 뻗은 콧날, 꼭두각시 양반탈은 체면을 지키듯 꿋꿋하게 줄에 매달려 앉아있다

긴 끈의
텅 빈 몸
호탕한 웃음 뒤의
휘어진 그림자들

무대 뒤의 당겨지는 끈들이
인형의 웃음을 계속 이어가게 할 수 있을까
극장 밖의 보이지 않는 끈들이
잃어가는 웃음을 잡아당긴다

 그늘진 웃음은 끈에 끌려나와 거리의 모르는 얼굴들을 따라간다 이어폰을 귀에 꽂은 사람들 잡음이 새어 나올 때마다 이어폰을 다시 꽂는 긴 손가락들, 젊은이들이 횡단보도 노란 선을 지나고 있다 노란 선을 자세히 보면 끈이다 지상의 수많은 선들은 밀거나 끌어당긴다 무슨 선에 이끌려 사람들은 지하철을 탄다 흔들리는 지하철 손잡이에 매달린 얼굴들, 긴 넥타이에 매달린 술 취한 붉은 얼굴이 휘청인다 저 넥타이는 어디를 향하고 있는 선일까? 긴 터널을 지나는

유리 속 겹친 선의 그림자들

모르는 선을 따라 길을 가는 얼굴이
구불구불 골목길을 걷는다

움직이는 선에
끌려다니는 마음들

아주 지워진 웃음은
골목의 벽을 지나
자신만의 선을 고집하고 있는
콘크리트 문을 열고 들어서고 있다

최경은 약력
한국NGO신문 신춘문예 당선
한국작가회의 회원

박용운

만남 외 4편

주차장에 가면
붉은 동백꽃이 피었을 것 같아요

텅 빈 오선지에
가락을 업은 우퍼의 파동이 들어와
은은한 선율로 꺼져가는 막장
감성을 두드리는 리듬이 새싹을 틔우자
암울하던 골목에 햇살이 비쳤어요

얼마나 머무를지, 운명만이 알겠지만

무심히 스치는 가을바람이 아님을 바라보며
그 소중함이 더욱 소중하게 느껴집니다

산다는 것 자체가 유혹의 모션 같아
찌들은 시간을 내려놓고
꺼져가는 불씨를 붙잡아 봅니다

어둑해 가는 노을의 뒤쪽을
가치를 쌓으며 가격을 버린 삶으로
이슬 젖은 붉은 동백꽃을 만날 것 같아요

렘수면

바람은 언제나
머리 위에서 시작되어
발끝의 무감각 종기 앓이로 끝나요

대지를 불사르는
목마른 갈증 위로
바라는 비는 내렸지만
사나운 눈을 가진 폭풍은
동구 밖 고목을 꺾었지요
대나무 가지를 세차게 흔들던
신풀이 할멈까지
휘몰아 끌고 간 다음 날 아침
사립문은 쓰러졌고
무녀의 요령 소리도 들리지 않아
오방기는 당나무 가지를 붙잡고
거칠게 파닥이며 울고 있어요
통곡을 뱉을수록 더욱 깊어지는 생채기
상흔의 기억은 깊은 우물에 숨었고
가위눌림으로 침실을 무시로 괴롭혀요
꿈인 걸 깨닫고 깼는데 그곳도 꿈이었고
새벽의 기별은 들리지 않아
어둠에 똬리를 틀고
수시로 쑤석거리는 불청객

여낙낙한 별빛이 주는 미소마저 슬퍼지는데

밤은 사라지지 않을 것 같아
렘수면의 주파수를 찾을 수 없어요

빗방울 유적

외딴 연못으로 뛰어든
빗방울 파문이 자자하다

물의 뿌리를 찾아
금세 사라지는 비의 이력들
유연한 필체로 그들의 연대기를 기록한 연못은
한 권의 낡은 책이다

흥건히 넘치도록 뼈를 세워야 하는데
기울어지는 헐렁함

목마른 길섶을 두드려
지난해 날아온 풀의 씨앗까지 깨우며
촉촉이 쏟아내는 아우성
속눈썹에도 물이 고인다

진흙 속에서 죽어간 붕어며 동자개들
가시 한 벌 남기고 갔지만
투명하고 억센 기척들
아직도 곳곳을 헤엄쳐 다닌다

반나절 소낙비에도 고이는 신생들
산등성이에 무지개가 턱을 걸치자

차오른 눈동자의 서사

빛을 머금은 연못 위로 윤슬이 내려앉아
깊고 넓어진 여백의 페이지들

어둡던 감정 속
글자들을 산란하자 동글동글 호흡이 살아난다

밀애

곧은 길 따라
빛을 헤집고 걸어요
어둠과 밝음이 단단한 벽으로 맞서지요
벽을 쌓는 능숙한 노동
입술과 입술이 만나는 계획된 사랑
준비된 깊숙한 열정은 서로를 놓치지 않으려는 본능
기다렸던 뜨거운 숨결의 파도는
스르르 미끄러지듯 힘주어 꼭 껴안아요
척추 깊이 파고드는 짜릿함
빛을 가로지르는 능숙한 애정의 방식이지요

어쩌다
꼬리가 길어 이탈한 부정의 덜미
더이상 가슴을 숨기는 밀애를 잃는 것
꽃을 시샘하는 봄비처럼
정교한 짜임에도 위험은 틈새를 알고 있어요
허공에 길을 거닐던 일생
근육의 생기를 잃으면
짙은 가을의 단풍잎이 시들시들해지듯
왕성하든 괄약근의 탄력을 잃지요
덜컥 가슴에 금이 가는 위험의 신호는
아드레날린이 사라져 버려
나약해진 잇몸에 천둥번개가 치고

쩍 벌어진 지퍼의 입을 다물지 못하는 턱의 근육은
맞장구를 치던 힘을 잃어버려요

생명이 없는 수명
꼭 껴안고 나누던 온기는
여읍여소 같은 수많은 삶에 여로

깍지의 사이사이
꼭꼭 묻어두기로 했어요

현자顯者

축 널어진 어깨
세월의 숫자가 허리를 구부리게 한다

닳고 닳은 구두 밑창 구린내
세상을 끌고 병원문을 들어선다
돋보기의 무게는 목까지 길게 늘어뜨려
기록에 없는 천적의 범죄자를 찾는 것일까
예수는 십자가에서 죽음으로 눈을 떴고
석가는 보리수 시그널에서 삶의 진리를 깨달았으니
어차피 죽음으로 가는 삶의 외길을 진찰하는
하얀 성인이 되고 싶은 것일까

자판의 씨줄과 날줄
자음과 모음을 짜깁기할 때
한 손가락으로 한가히 노니는 유희
안경 뒤에 숨은 두 눈동자는 졸리는 듯
기둥 시계의 추보다 더 한가하다

한 땀 한 땀이 세상을 구하는 일이라며

십자가 장인 정신을 벽에 걸어놓고
하루의 파삭한 모래알을 가방에 담아
병원문을 나서는 현자

노을 햇살을 등지고 더듬더듬
오늘을 끌고 간다

내일도 약속은 없었지만
가던 길을 묵묵히 걸어갈 것이다

박용운 약력
한국NGO신문 신춘문예 당선.
한국해양문학상, 매일신문 시니어 문학상, 건설문학대상.
시집 『물의 과외공부』

얼굴 외 4편

깊숙이 보이지 않는 것들이 깜빡거렸다 자고 있는 루피를 보았다 초침이 없는 시계는 멀리 가 있었다

자는 내 얼굴을 보고 싶어 거울을 머리맡에 놓고 잤다

나는 몇 시부터 잠을 잤는지 몰랐다 일어나면 새벽이었다 커튼은 안과 밖이 선명했다 거울을 보면 내일은 많이 늘어 있을 것 같았다

보도블록을 세다가 오후를 다 보낸 날은 일찍 잤다 두 번 일어나서 거울을 본 기억이 있다

루피는 거울이 없어도 잘 잤다 언제 눈을 떴는지 아무도 몰랐다

봄이 오고 겨울이 지나갔다

아직도 잠자는 내 얼굴을 볼 수 없다 그래서 자꾸 잠을 잔다 깨어 있을 때는 깜짝깜짝 놀란다

퇴고

 강가를 걸어가는 두 남자, 나는 사과 반 개를 먹고 따라간다 내일은 비가 온다고 한다 한 남자가 사라졌다 강가 옆 공터엔 운동 기구가 있고 노인이 허리를 잘라내고 있다 강가를 걷는 남자는 혼자인 걸까 사과 반 개를 더 먹고 라떼를 마신다 어제보다 단단해진 바닥이 몸을 일으킨다 사라진 남자는 어디쯤 갔을까 졸음이 쏟아진다 알람을 맞추고 삭제한 문장을 읽어본다 다이어리는 침대 모서리를 바라보고 있다 사라진 남자는 언제까지 없는 사람일까 비가 내리면 사과는 더 깊어지겠지 내가 따라가는 사람은 누구일까 종료 버튼을 누른다 넘어가지 않는 페이지를 더듬다가 잠이 든다 강은 여전히 멈춰 있고 나는 내가 어디까지 갔는지 잊어버린다 왜 한 남자를 살려 놓았을까

재난 문자

밥을 잘 먹어야지
커피는 진하지 않게

밤에는 귀신이 나오지

오늘 피지 않는 꽃은
기다리지 마

내가 말해줄게

치즈스틱은 얼마나 남았을까
세어보지 않아도 돼

책갈피는 변기 속으로
너와 상관없는 일들이 사라질 때까지

누군가 보고 싶을 땐
상점 간판을 읽어볼까

바람이 불면
식탁을 차리렴

양배추

브로콜리

오래된 컵 두 개

나 씹지 말고

불면증

어디로 데려가 주면 좋겠니

바람 사이로 터널이 지나가고

새들은 어제의
새가 아닌 것처럼,

무슨 요리를 할까
바닷가 근처를 서성이다가

오후에 있을지도 모를 너와의 약속
눈을 감고 그곳에 가본다

창가에 쌓인 어둠은
새벽이 되지 않고

크리스마스가 빨리 왔으면 좋겠어
눈 쌓인 언덕을 가슴까지 끌어올린다

돌아오는 길은
새의 발자국보다 멀고

가까이 다가온 벽

사라진 손금 같은 것

누군가는 일어나 세수를 하고

빈 꽃병에서는
프리지아가 피어나겠지

밤새 날개를 떼어버린 새들
어디까지 갔을까

충전

　40일째 잠을 자지 못한 a는 잠자는 것을 잊어버렸다 그의 뇌에서는 회의가 시작되었다 앞으로 잠자는 것을 기억하지 맙시다 이제까지 저장된 시간도 모두 삭제하는 게 좋겠습니다 그런데 a는 누구입니까

　d가 자꾸 말을 건다 그는 3년 전에 죽었다 그의 장례식에 간 사람들은 아직 돌아오지 않았다 그에게서 메시지가 오는 날은 비가 왔다 나는 생각나지 않는 말들을 생각하다가 잠이 들곤 한다 어젠 엘리베이터에서 잠깐 그의 얼굴을 봤다

　나만 아는 사람, 그는 k다 나는 그의 이름을 몇 번이나 고쳤다 그는 지금도 이 사실을 모른다 왼쪽 어깨를 잡아당긴다 오른쪽 팔이 길어진다 거울을 뒤집어 놓는다 갑자기 환해지는 저녁, 오고 있는 줄 몰랐다

이영란 약력
한국NGO신문 신춘문예 당선
월간 《시문학》 등단
수상 : 천강문학상 우수상

강기영

봄을 물었는데 어느새 가을이라고 대답하네요 외 4편

 오늘은 햇살이 깊숙이 들어와 손등에 나비가 앉았어요. 잠깐 졸다 깬 잠이 새긴 문신 같아요. 노인이 된다는 것은 잠도 혼잣말도 때와 장소가 사라지는 것일까요. 봄을 물었는데 어느새 가을이라고 대답하네요. 버섯의 종류에는 돌과 나무와 지루한 장마 끝이 깃들어 있지만 이 손은 언제 돌과 나무와 장마를 들렀다 온 것일까요.

 털실을 꺼내 느린 스웨터를 짜요. 얼마나 여러 번 풀었다 떴다를 반복한 걸까요. 구불구불 끊어진 곳곳을 이어 놓은 듯 군데군데 흉터와 매듭이 아무져요. 간혹 빠뜨린 코는 햇살 한 줄 끌어와 이으면 되고 깜빡 졸다가 오늘을 잃어도 실뭉치 끝을 잡고 있어서 괜찮아요. 날아가는 민들레 홀씨를 잡으려다 대바늘을 손에서 떨어뜨렸지만 짜고 있는 중일까요, 풀어지고 있는 중일까요.

 햇빛이 사라진 자리
 산그늘이 발밑까지 다가와 있네요.
 막, 무릎이 사라지고 있어요.

꽃 피는 허리

은조분 할머니 분꽃 화분을 옮기다
삐끗, 힘의 모퉁이 하나 허리에 들었다
아니다, 욱신거리는 분꽃 화분 하나
온전하게 허리에 놓였다

꽃을 옮기는 일이
계절 뿐인 줄 알았더니
모자라는 힘으로 꽃을 옮기려 했던 일
수십 방의 침을 맞고도 여전히
화무십일홍이다
송송 맺힌 핏방울들은 모두
조금씩 어긋나 있고
허리 한 번 제대로 펴보지 못한
구부정한 죽은 피를 뽑아내고 난 뒤에야
새벽 미사 보러 간다
계절은 어느덧 꽃 지는 화분들마다
뻐근했던 여름이 을씨년스럽다
배 아파 피워낸 여름과 봄 그리고
한겨울을 합치면 2남 3녀지만
삐끗, 놓친 초여름 한 철
잊을만하면 허리께에서 운다

보이지 않는 아이를

허리춤에 감추고 파스를 부치면
칭얼거리듯 욱신거린다

통증이 옮겨붙은 파스는 통통하게 살이 쪄 있고
분꽃 화분은 굽은 그늘을 까맣게 맺지만
허리에 핀 꽃들은 계절이 바뀌어도
활짝 핀 조화처럼 시들지 않는다
은조분 할머니
꽃핀 허리에서 삐끗삐끗
꽃이 또 진다

겨울에서 힘을 빼면

겨울에서 힘을 빼면
가을로 갑니다

온도는 부력이 있어서 점점 높이 떠오르려고 하지만 태양의 꼭지를 풀거나 바늘구멍을 내면 점차 가라앉고 맙니다

겨울에서 힘을 빼고 며칠 가을을 다녀왔습니다
케이블카가 구름의 협정 속을 왕복합니다 달리는 자동차 바퀴 속에는 사과나무들과 메타세콰이아들이 서로 교대를 합니다

사실 나무는 저마다의 시속이 있습니다
온도는 두께를 발명했고
두께는 실내와 실외를 조언합니다

안간힘에서 느슨한 힘으로 며칠 다녀왔습니다
잠시 피의 속도를 꺼두고 식물의 속도로 다녀왔습니다
숙소의 문은 예의가 없지만 침대들은 또 시니컬해서
가을의 말투로 묻고
여름의 억양을 기대했었습니다

모르는 사람을 만나 익숙한 이야기를 했습니다

그러는 사이 힘을 뺀 겨울이 헛바퀴를 돌았고
겨울의 공회전엔 가을의 무늬가 다 닳아 있었습니다

겨울의 파랑은 그 속은 붉게 익었을 것이라고 의심해야 합니다
하고 싶은 말이 자꾸만 두 쪽으로 갈라집니까
동그랗게 둘러앉은 사람들은 모두
뾰족한 끝을 모으고 있습니까

힘을 뺀 겨울이
눈사람 속도로 서 있습니다

돌고래 자세

요가 학원에서는
기형의 자세를 배웁니다
엉킨 자세를 푸는 일이라고 합니다
몸에는 엉킨 동작들이 많다는 뜻이겠죠
살다 보면 기형이 정형의 노릇을 합니다
그런 기형을 비틀면
여기저기가 당기고 결리는
정형들이 들통나곤 합니다

요가 수업이 끝나면
풀어진 것인지 더 엉킨 것인지 모를
반응들이 며칠 내 안에 돌아다닙니다
나간 것일까요
들어간 것일까요

서쪽에서 온 이 고행은 후생을 위한 저축이라는데
여자들의 동작에선 칭얼대는 아이가 나오고
매일매일 차려지는 식탁이 있고
구겨진 옷들이 반듯하게 옷걸이에 걸립니다

자신을 위한 고행이었다면
자신이 결리고 아픈 일이 될까요

검은 비닐봉지 속 열무 두 단의 무게는 또
어느 뼈와 뼈 사이에 안착할까요

질서와 무질서 사이에 태어난 기형이
요가 자세를 취하는 순간
뒤집어 놓듯 나를 잡아당깁니다
돌고래 자세,
아무래도 동작들이란
포유류에 가깝다고 생각합니다

보관의 날짜들

여름보다는 아무래도
늦가을쯤이 좋겠지

여름 날씨는 들떠서 틈이 많고
빗소리와 자꾸 캐묻는 질문들이 많이 섞였지
습도가 높은 날짜들 속엔 입이 여럿 달리고
더듬이가 긴 곤충들이 바글거리니까
그에 반해 늦가을 날짜들은
조금 날카롭고 자주 실금이 가지만
문밖을 나가는 날짜들이
그만큼 적어서 적당하겠지

문을 꽁꽁 닫아놓고
스스로 보관을 자처하겠지

바람은 자꾸 삐걱삐걱 소리를 내며 집 안으로 들어오려 하고

물소리는 낮아지고 바람은 조금 키가 자라겠지만
그런 물소리 속에는 차가워진 돌멩이들의
푸른 이끼에도 단풍이 들겠지
물은 참 많은 것을 보관하고 있지
물살을 넘기는 지느러미들과
돌에 붙어 돌을 갉아먹는 물벌레 종류들

누가 강물 흐르는 소리를 셀 수 있겠어?

물 밖의 치즈와 소금 채소들과 비린내들의 염장법엔
보관되고 있는 날짜들이 참 많지

맹물에 엄마 손을 담가 놓기만 해도
맛있는 찌개가 될 것 같은데
해가 질 무렵 미지근해진 해를 녹여 먹는 서쪽 강과
서걱거리는 소리가 가득 찬 갈대들
죽은 사람들은 하나같이 보관 용기들 같고
각종 숫자 표기법들과 날짜들 속엔
부피도 없는 과거와 미래들

오랜 적금을 깨고 올려다본 반달

강기영 약력
《에세이문학》 수필 등단
사계 김장생 신인문학상 수상
한국NGO신문 신춘문예 당선

안정숙

수평의 힘 외 4편

풍경을 펼쳐놓고
안쪽과 바깥쪽을 짐작하면
밀거나 당기는 힘이 미래가 된다

허리에 공구 벨트 맨 그가 사다리에 올라서면
새로 들어설 커피숍이
거미줄같이 가상의 선으로 연결된다
창문 너머까지 이어지는 빛처럼

내부를 위해 바깥을 세워 가는 동안
바깥이 내부의 마음을 쉼 없이 기웃거린다

서녘의 공중에 타카를 박는다
탁탁 어스름 속에서 낯선 별이 되고
그것이 모여 별자리를 만들고
벽은 나무의 온화한 질감을 닮아간다

눈금이 벽면 둘레를 수정할 때
그는 이미 마감재 작업이 진행 중인데

선풍기 회전 방향 따라 흩어지는 잡념들
집기들이 배치될 공간에 수직의 꿈을 잰다

지친다는 말을 하면 비스듬해진다

가끔 사다리가 휘청거릴 때는
몇 톤의 업을 두른 것처럼 몸이 뻣뻣하다
어깨는 자투리만 한 내일의 각도를 재고
생활은 어긋날 때마다 제자리로 돌아오게 하고

자석 수평계 위치 0점에서 생각은 고르고 판판하다
그에게 일탈이란
나무판자가 스스로 휘어지는 것뿐
거리의 조도가 점점 줄어든다

전동드라이버가 겉돌던 꿈을 완벽하게 조인다
벽에 세워 둔 유칼립투스 목재도
제 순서라는 듯 움직거리는데

단단하게 박은 하루가 저물어간다

가게 안을 둘러보는 사내
흔들림 없는 눈동자가
유리문에 비친 자신과 수평을 이룬다

출품되는 밤

청미래 마을은 100호 규격이다

명도가 지속적으로 밤하늘을 봉인했다
왼쪽에서 들여다보면 달이고
오른쪽에서 관람하면 창문의 나열이다

망개나무 경사는 거칠다

도시 불빛과 언덕의 어둠이
서로 다른 질감이듯
처음 본 별들이 독특한 빛을 내놓는다

구불구불한 골목들
중간 붓처럼 생긴 고랑 본 적 있나요
오래된 조도를 소장한 가로등이
검은 취객의 노래에 흐느거린다

달빛이 낮은 지붕 사이사이를 칠한다

불 켜진 창문 속
두세 걸음 걷던 아기가 주저앉고
늦게 귀가한 사내가 젖은 발을 닦고
혼자 중얼거리는 노인이 전시되어 있다

너무 낯익어서 모르는 내일

그 밖의 무채색 창문들
가보고 싶은 꿈속 성향이 다르다

덧칠된 별들이 벗겨질 때마다
푸른빛으로 묘사되는 새벽이
채도를 높여간다

이번 전시는 여기까지다

회귀

깊은 수면을 밀어내며 빼꼼거리는 것이 있어요
잎눈은 지상으로 들어서는 문이죠

꼬리를 흔들고 떠났던 계절이 돌아와요

주둥이 내밀어 잎을 틔우는 저 꽃들
한때 물고기였던 전생을 경유하고 온 것이죠

알을 슬어놓은 듯 가지마다 옴지락거려요
돌아오고 싶은 마음이
절기마다 순환하며 땅속을 부풀렸던 것

수천의 바람과 수만 개의 햇빛이
도착하는 지금 여기

먼 먼 곳을 거슬러 온 푸른 등날이
곳곳에서 후손을 산란해요 비밀처럼

몸통이 가려운 나무는
허공을 긁으며 제 속을 넓혀가고
북적거리는 생장점이
이 가지에서 저 가지로 봄을 건네는군요

잔 비늘 꽃받침이 숨을 들썩거리는 자드락길

살구나무 복숭아나무 그늘이
분홍을 향해 어깨 기울일 때
꽃들이 재채기처럼 떼 지어 부화하고 있어요

봄의 물갈이가 시작되는 중이네요

실종된 계절

쓰러져 누운 계곡에 여름이 헐벗고 있다

작달비 속으로 쓸려간 먹장구름
체육관 이재민과 굴참나무의 신음소리
펜션에는 주소 잃고 표류하는 돌멩이들 뿐

호박잎 다칠까 무당벌레조차 조마거렸던 시간
물웅덩이에 창백해진 신발 한 짝
길 건너려고 기다리는 개미떼

종아리를 걷어붙인 슈퍼주인이
지루했던 이불을 담장에 걸터앉히자
물에 잠긴 골목이 고단한 궤적을 드러낸다

사라진 길을 기억하려 물기를 터는 물총새
하얀 조약돌 구르는 소리가 들릴 듯한데

장맛비도 쉬어가는 새벽녘

바람이 자그럽게 살랑거릴 때
비 그친 틈새를 메워주는 매미소리
텃밭 옥수수와 개똥벌레가 서로 등 기대며
아침을 기다린다

갓길 노란 금계국
허공에 여백을 그리기 시작하고

찻잔에 담는 봄

목련꽃 한 송이

웅덩이에 티백처럼 툭 담기네요

빗물이 꽃잎을 우려내는 사이

매화꽃 살구꽃은 북쪽으로 짙어져 가고

뾰족 내민 저 끝을 한데 모아 덖어내면

한꺼번에 떠올랐다 기울어지겠죠

비 개인 후 쌉쌀해지는 오후

찻주전자에 햇살 돌돌 말아 넣고

구중구포로 덖으면

하얀 봄밤도 알맞게 식어가겠죠

안정숙 약력
한국NGO신문 신춘문예 당선
한탄강문학상 시 부문 은상
천강문학상 시 부문 우수상

숨바꼭질하고 있나요

지은이 : 김기덕 김선진 김정현 김해빈 안재찬 여영미
　　　　이　솔 이오장 이혜경 임경순 정진해 조명제
　　　　김나비 유정남 김정범 최경은 박용운 이영란 강기영 안정숙

편　집 : 안재찬 이오장 김해빈 유정남
발행인 : 김정현
등　록 : 2011년 7월 14일
초판발행 : 2025년 9월 1일
펴낸곳 : 도서출판 가온
편집디자인 : gaon

주　소 : 경기도 부천시 길주로 460, 1106호(춘의동, 센트럴뷰)
전　화 : 032-342-7164
팩　스 : 032-344-7164
e-mail : kjsh2007@hanmail.net
ISBN : 979-11-7535-002-1(03810)
값 : 12,000원

무단전재와 복제를 금합니다.
도서출판 가온은 농인聾人과 함께합니다.
잘못된 책은 본사나 서점에서 교환해드립니다.